JN120612

昭和36年の
小学3年生日記

安井啓夫
YASUI Hiroo

文芸社

まえがき

小学校三年生の時、私たち家族は横浜から愛知県知多半島の河和という町に引っ越してきました。

この日記は、私が転入した河和小学校の宿題として毎日書いたものです。

ある日、担任の先生が、ホームルームの時間に「安井君の日記はよく書けている」とほめてくださって、クラス全員の前で、私の日記を朗読してくださったことがありました。それで、私はこの日記を大切にしまっておいたのですが、それが、最近私の実家の物置を整理していたところ、段ボールの中に入っているのが見つかったのです。

私が小学三年生というと昭和三十六年です。今の私の年齢が七十歳（執筆当時）ですから、約六十年前の日記ということになります。

その当時の小学三年生の生活を、今の小学三年生とその保護者の方々にも知ってもらおうと、この度、本にすることにしました。当時の日記の原文のほか、今の自分の視点のコメントと、当時の情景を思い出しながらイラストを新たに描きました。

日記は、誤字、句読点などの位置が間違っている箇所もありますが、当時の雰囲気を伝えるために、あえてそのまま載せることとしました。

当時の小学三年生は、今の小学三年生と比べると、外で遊ぶことが多かったように感じます。さて、みなさんはどう思われますか？　では、本文をどうぞお楽しみください。

もくじ

まえがき 3

Ⅰ 昭和36年7月～10月 7

Ⅱ 昭和36年11月～昭和37年3月 101

あとがき 210

I

昭和36年7月〜10月

7月25日　火曜日

おとうさんとおかあさんになごやに
つれていってもらいました
すいちゅうメガネをかってもらいました
それからジュースも、たくさんのみました。
エスカレーターものりました

●名古屋へお出かけ

私たち家族が住んでいたのは、知多半島の「河和」という田舎町でしたので、名古屋は大都会でした。駅に降りると、ホットケーキのような甘い香りがただよっていました。

この駅は名鉄の名古屋駅で、名鉄百貨店と直結していました。ですからこの甘い香りは、この百貨店内の喫茶店からではないかと思います。この百貨店で、海水浴で使うための水中メガネを買ってもらい、喫茶店でジュースを飲みました。

7月26日　水曜日

テレビでしぜんのかんさつをみました。
花はどうゆ（い）うやくめをするかとゆ（い）うのです。
花はみをつくったりたねをつくったりする
のでした。

（先生のことば　よいことですね）

●テレビで「花の観察」を見る

テレビは娯楽品でしたが、勉強にもなるんだということが言いたくて日記に書きました。

当時のテレビは、白黒のブラウン管テレビでした。夕方に家でよく見ていたテレビ番組に、ＮＨＫのこども向け番組の人形劇「チロリン村とくるみの木」がありました。この花の観察の番組も、ＮＨＫで見たのだと思います。

7月28日　金曜日

前のうちのやぎが、二ひきで草を、
たべていたから、草をちぎって、もって、
行って、たべさし（せ）てあげたら
ウメーエとなきました

●「ウメー」と鳴いたヤギ

当時、近所の農家ではヤギを飼っていることが多く、だいたい家の外につながれていました。そんなヤギとふれ合うこともありました。

ヤギを飼う目的は、雑草を食べさせ、ヤギの乳を飲むことだったと思います。ヤギは、普通に目にしていましたので、当時の子どもはあまり怖がらなかったと思います。

7月29日　土曜日

学校で生ワクチンをもらいにいきました。
かえりに、すごいあめがふったので、
びしょぬれになりました。

（先生のことば　たいへんでしたね）

●生ワクチン

自分で服用するための生ワクチンをもらいに行ったのだと思いますが、どういうものだったのか、今となってはあまり覚えていませんが、雨に濡れたことだけは覚えています。

いきなり「生ワクチン」という言葉が出てきたので、奇異な感じがしますが、当時、何か流行病があって、その対策のために、学校で「生ワクチン」を配るから取りに来るようにという、先生からの指示があったのではないかと思います。

7月30日　日曜日

すなばでさてつを、ひろいました。
そしたら石みたいのがたくさんすいつきました。
かみの上にさてつをのせてかみの下に
じしゃくをおくと
さてつがうごいておもしろかった

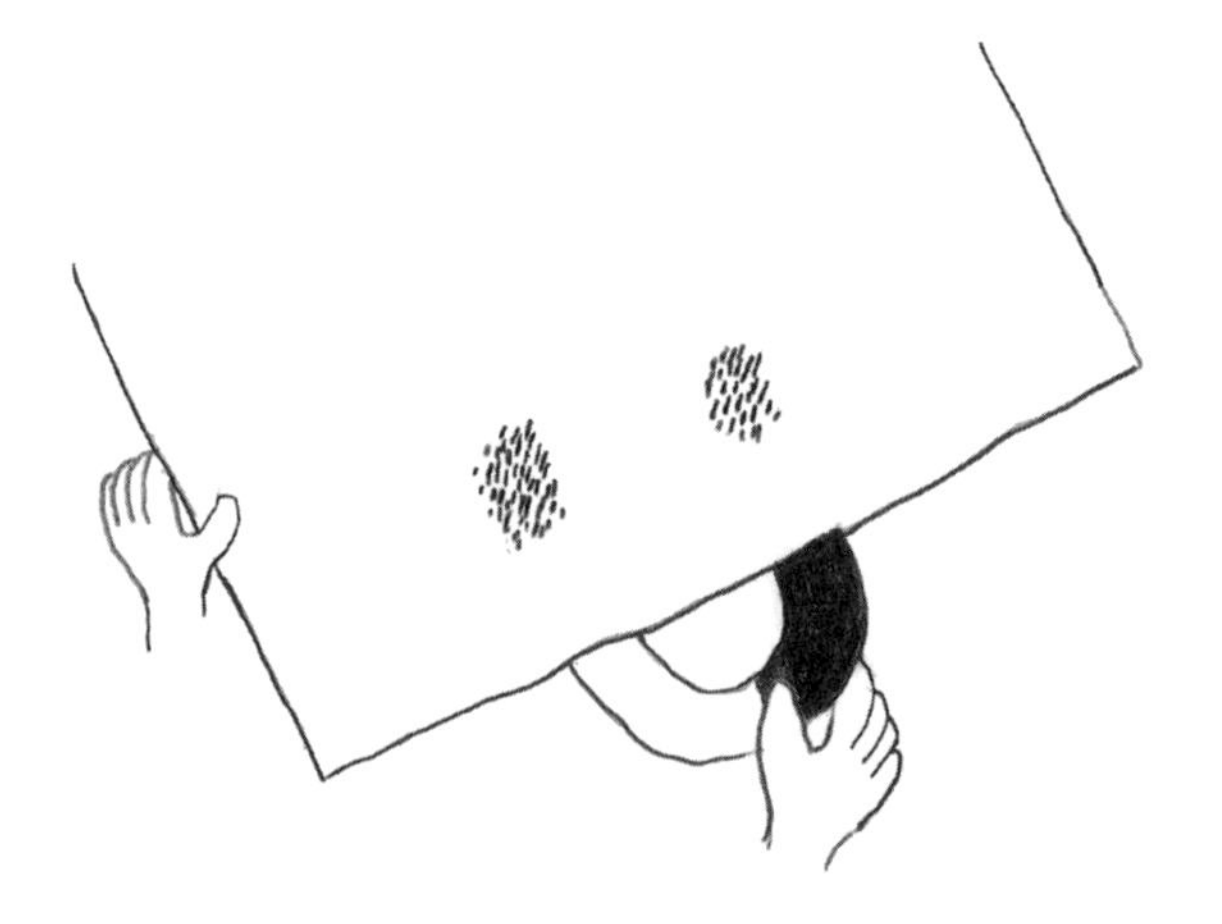

●砂場の砂鉄

磁石を動かすと、砂鉄がその動きに合わせて、模様を描いて動くのが、見ていて楽しかったです。

学校がある日は、放課後に友達と遊ぶことが多かったですが、この日は日曜日でしたので、ひとりでした。小学校より中学校のほうが家から近かったので、中学校の砂場で、磁石を使って砂鉄を拾いました。

8月7日　月曜日

おかあさんに、おつかいをたのまれたので、いきました。

なまあげとあげとまちがえてかってきました。

●生揚げと揚げを間違えたお使い

お手伝いとして、お使いに行くことがよくありました。この日は、母の求めをかなえられなくて残念でした。

母の求めていたのは、豆腐を揚げた分厚い生揚げの方でしたが、私はそれを間違えて揚げ、すなわち薄っぺらい油揚げを買ってきてしまったのでした。

当時の子どもは、特別ではなく、普通にお手伝いをしていました。特に農家の子どもは、農作業をよく手伝っていました。

8月10日　木曜日

大きいたらいと、小さいたらいに水を
いれた日なた水に
おゆをいれてはいりました
とても、いいきもちでした。

●たらいで行水

私たち家族は、社宅に住んでいましたが、お風呂場がまだできていませんでしたので、銭湯に行くほかは行水をしていました。

私たち家族が住んでいた河和の町は田舎でしたので、むしろほとんどの家にお風呂があり、銭湯はありませんでした。銭湯に行くためには、やや都会の半田市まで、電車に乗って行きました。銭湯の料金は定かではありませんが、大人二十円、子どもも十円、洗髪するとプラス五円といったところではないかと思います。

8月11日　金曜日

かみをふねのかたちにきってまんなかに
あなをあけて
せんを引いてあなにあぶらをいれたら
はしると本にかいてあったから、
やってみました。
するとぜんぜんはしりませんでした。

●紙の舟

水の上に浮かべた舟形の紙が、動かなかったので、がっかりしました。

おそらく、紙が水分を吸って重くなってしまったため、動かなくなったのではないかと思います。軽くて水をはじくような材質のものだとうまくいったかも知れません。

8月12日　土曜日

ふろばのかべぬりを手つだいました
どろを、あげるとき少しおとすときが
あります。
それからあせがたくさんでました
でもちょと（ちょっと）おもしろかった

（先生のことば　きれいになったね）

●壁塗りの手伝い

私たち家族が住んでいた社宅の住人たちが利用する、外風呂の建物を建てる際の、土壁を塗る手伝いをしました。

「どろをあげるとき」というのは、左官屋さんの手元の板にどろ、つまり壁土を大きなヘラでのせるときのことで、「少しおとすとき」というのは、その壁土を左官屋さんの手元の板に上手にのせきらなくて、少し落とすときがあることを言っています。この風呂場は、会社が建ててくれたものです。

8月13日　日曜日

海へおよぎに行きました。
水の中で目をあくととてもきれいでした
ぼくもすこしおよげるようになりました。
下に石があるので足をきりました。

●海に泳ぎに

私たち家族が住んでいた河和の町は、海が近くでしたので、海水浴にはよく行きました。

最初は泳げませんでしたが、体が海水に浮く感じがつかめてだんだん泳げるようになっていったと思います。

毎年夏には、河和港あたりで花火大会があって、沖の舟が花火を打ち上げるのを見に行きました。子どもの頃の、夏の思い出です。

8月15日　火曜日

きょうはおぼんなので、おとうさんが、
太田川へ行きました。
かえりに小さい、すいかをもってきてくれました。
いまたべようとしましたがあしたにしましした

●スイカを貰った

「大田川」というのは愛知県東海市にある父の実家の近くを流れる小さな川で、そこにある名鉄の駅は「太田川」駅と、字が違うのが謎です。河和駅から電車で四十分くらいのところにあります。父の実家には当時、祖父母が住んでいました。

翌日の日記で、貰ったスイカは、実が黄色で食べておいしかったことを書きました。

ちなみに、昭和三十四年に伊勢湾台風がこの地を襲い、大田川も氾濫し、二五〇〇戸の家が浸水したそうです。

8月19日　土曜日

はんだへいきました。
あんじゅとずしお丸（おう）とうちゅうかいそく船のえいがをみました。
そのときじしんが来ました。
ほんとにうちゅう船が来たかと思いました。

（先生のことば　あんじゅとずしおうのえいがはなけたでしょう）

●映画「安寿と厨子王丸」

当時、映画を見るには、半田市まで行かなければなりませんでした。「安寿と厨子王丸」は、東映のアニメでした。悲しいお話でしたが、妖怪と戦う厨子王丸の成長した姿に救われたことを覚えています。

「うちゅうかいそく船」とは「宇宙快速船」という映画のことで、千葉真一主演のスーパーヒーロー特撮映画。映画を見ているときに「地震」がありましたが、あらためて調べてみると、「北美濃地震」という、石川、福井、岐阜の県境を震源地とする結構大きな地震のことだったようです。

8月20日　日曜日

しゃべる（シャベル）でほってうちのうらの草をおとうとと、けんかをしながらとりました。
おとうとが二回もすなをかけたので、
ぼくはおこって草とりをやめてしまいました。

●弟と草取り

私には、五歳下の弟がいます。家ではよく遊びました。歳が離れているせいか、あまりけんかはしませんでした。このときは、ふざけて砂をかけてきたのだと思いますが、私はめずらしく腹を立ててしまいました。

弟は現在、結婚して一女一男をもうけ、神奈川県で一級建築士として働いています。

8月23日　水曜日

海へしゃせ（せい）に行きました。
風がつよくふくのでかみがとんで
よくかけませんでした。
色はあしたぬることにしました。

●海で写生

河和には、海水浴のできる自然海岸がありましたので、海水浴客が大勢訪れていました。夏休みの宿題の風景画を描くには、よい場所でした。

9月5日　火曜日

あつしくんのうちでほんを見せてもらいました。
ぼくもあつし君に見せてあげました。
そしてあとであそびました

（先生のことば　マンガのほかの本ですか）

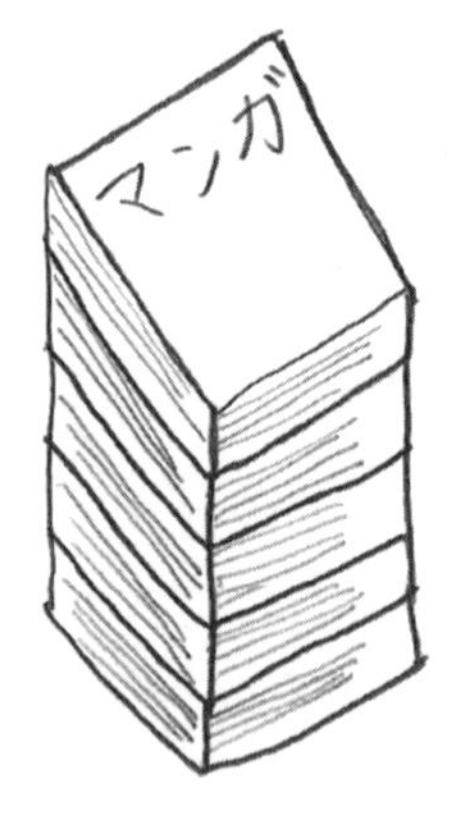

●自分の本と友達の本を見せ合いっこ

あつし君は、同じクラスの友達で、放課後によく遊びました。

あつし君とは、中学、高校までは一緒でしたが、その後は会っていません。今も元気でいるでしょうか。

なお、先生の想像どおり、本はマンガでした。

9月6日　水曜日

きょうがっこうの、プールでおよぎました。さいしょは、およげなかったが、だんだんじしんがついてきて

少しおよげるようになりました。うきぶくろできょうそうをしました

(先生のことば　すぐおよげるようになります)

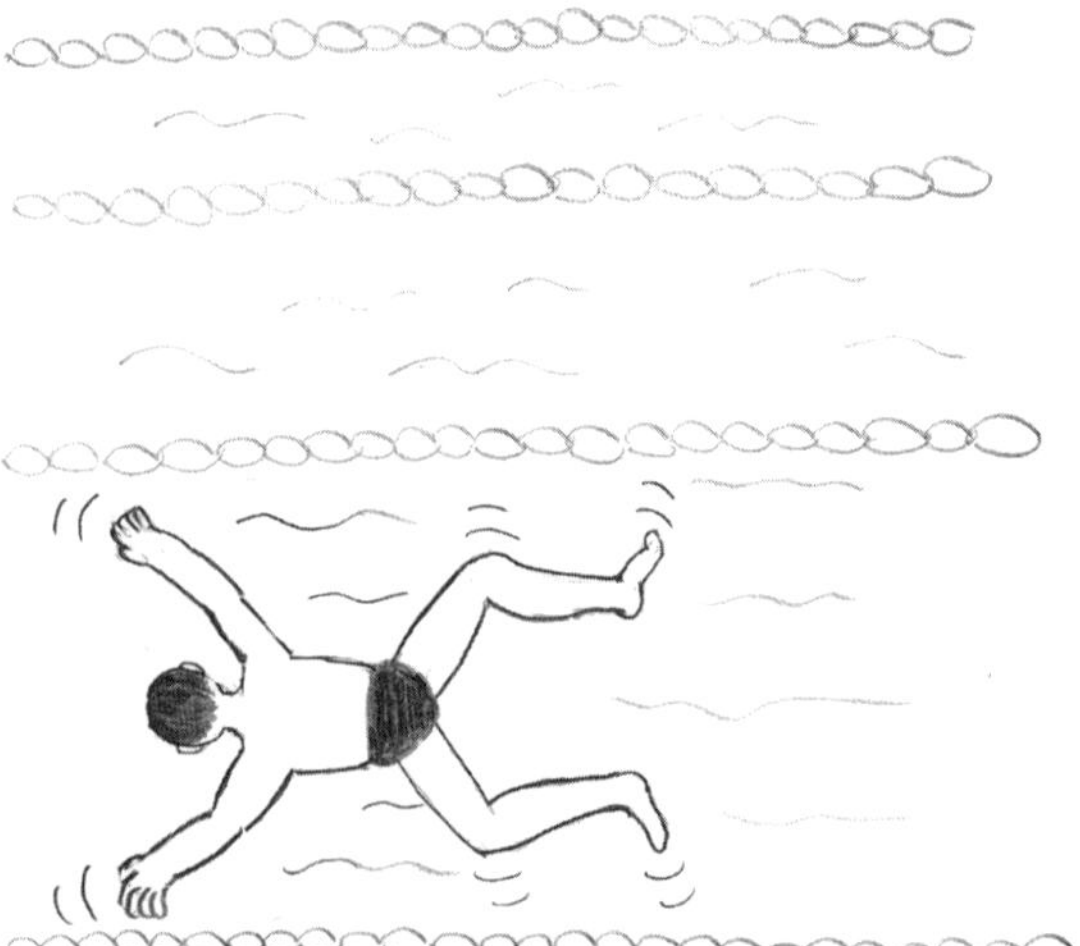

●学校のプールで泳ぐ

海でよく遊んだおかげで、水に浮くことに自信がついて、自然に平泳ぎができるようになりました。

海に近かったからなのか、泳げない子はほかに一人もいませんでしたので、泳げるようになってとてもうれしかったです。

9月8日　金曜日

きょうは、学校で、算数の計算が、うまく、いきませんでした。
うちに、帰ってきてから、あたまがいたくて、のどがへんだったので風邪ぐすりをのんで、ねました。

（先生のことば　さんすうができたかね）

●算数の計算

算数も風邪も、両方とも頭の痛くなるものです。

今でも、数字と横文字は苦手ですが、当時から算数は苦手でした。国語と社会は、得意、というか好きでした。

9月9日　土曜日

おとうとと、本を見ていたら、ちきゅうと、
月の、えが、かいて、あったら、
おとうとが、ちきゅうと、月が、ぶつかったら、どうなるの、と、聞きました。
ぼくが、ぶつからないのだとおしえました。

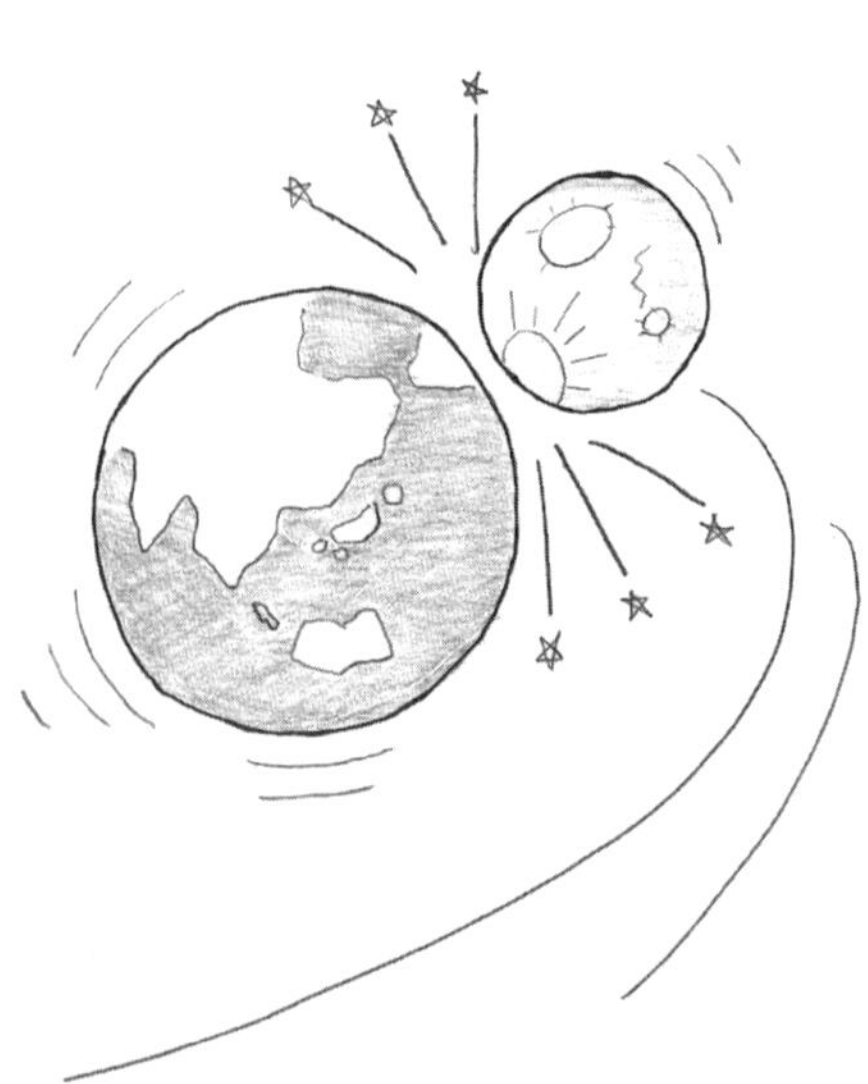

●地球と月

月は地球のまわりを回っているわけですが、何かの力が働いて、月が地球に向かって来てぶつかる可能性はゼロではないかも知れませんね。弟の想像力に私の方がついていけませんでした。

9月11日　月曜日

となりの中村さんにめだかや、ふなをもらいました。
きんぎょの、いれもの、にいれてやりました。
お友だちがふえたので、たのしそうにおよいで、ます

（先生のことば　ころさないようにしてかって下さい）

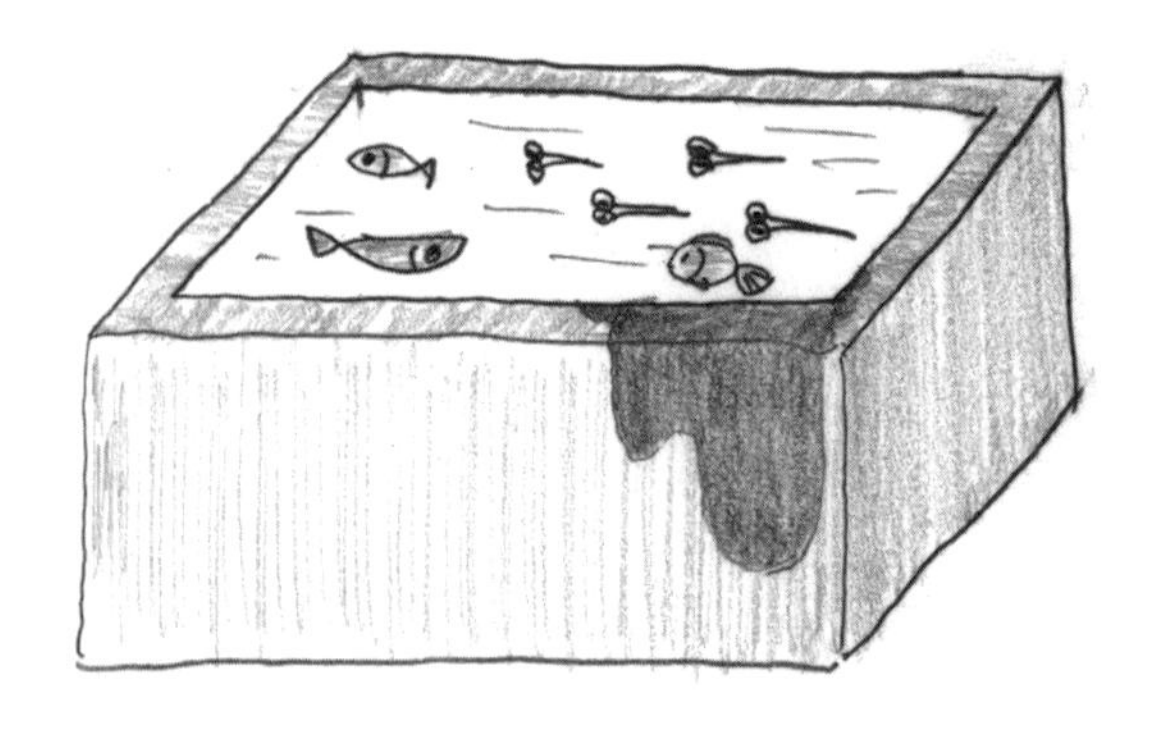

●もらったメダカとフナ

庭にあったコンクリートでできた四角い水そうに水を入れて飼っていましたが、どのくらい生きていたか忘れてしまいました。

9月15日　金曜日

学校のかえりに、大雨がふってびしょぬれに、なって帰って、きました
風が前の方からビュービューふいて、なかなか、あるけませんでした。

●大雨の中の下校

このときの大雨の下校は今でもよく覚えていて、大雨に遭うと、いつもこのときのことを思い出します。

調べてみると、この大雨は「第二室戸台風」の影響だったようです。高知の室戸岬に上陸した後、日本列島を縦断し、大きな被害をもたらした台風でした。

9月18日　月曜日

おとうとと、こおろぎをつかまえにいきました。

けれども一ぴきもつかまりませんでした。

もうあきてしゃんりんしゃにのってあそびました

そしてふろにはいりました

（先生のことば　どうしてつかまらないのだろう）

●捕まらなかったコオロギ

先生のことばでどうして捕まらなかったのかを、書くべきであったと気づかされました。それはたぶん、鳴き声はすれども、姿が見つからなかったからだったと思います。

コオロギだって一所懸命生きているのです。捕まってたまるかということなんでしょうね。

9月19日　火曜日

あつし君と、おとうとで、工場のちかくの海岸に、あそびにいきました。
船の上にせん水ふくをきた人がいました。
やがてぶくぶくとあぶくをたててもぐっていってしまいました。
なんだろうなあー。

（先生のことば　なにかをとっているんだろうね）

●海岸で見た潜水夫

宇宙服のようなかっこうをして、海の中に沈んでいきました。あまり見たことがない光景でしたので、不思議に思いました。

アワビでも採っていたのでしょうか。海底の調査でしょうか。何をしていたのかは、周辺からは何も聞こえてきませんでした。

9月20日　水曜日

自分でたべる物をつくってみたいとおもったのでケーキを作りました。
まずパンの上にアイスクリームをのせ、ちゅぶ（チューブ）のチョコレートをまきました。　ねだんはぜんぶで50円です
弟と半分づ（ず）つしてたべました。
弟もおいしいおいしいといってぼくをほめてくれました。

（先生のことば　おいしそうね）

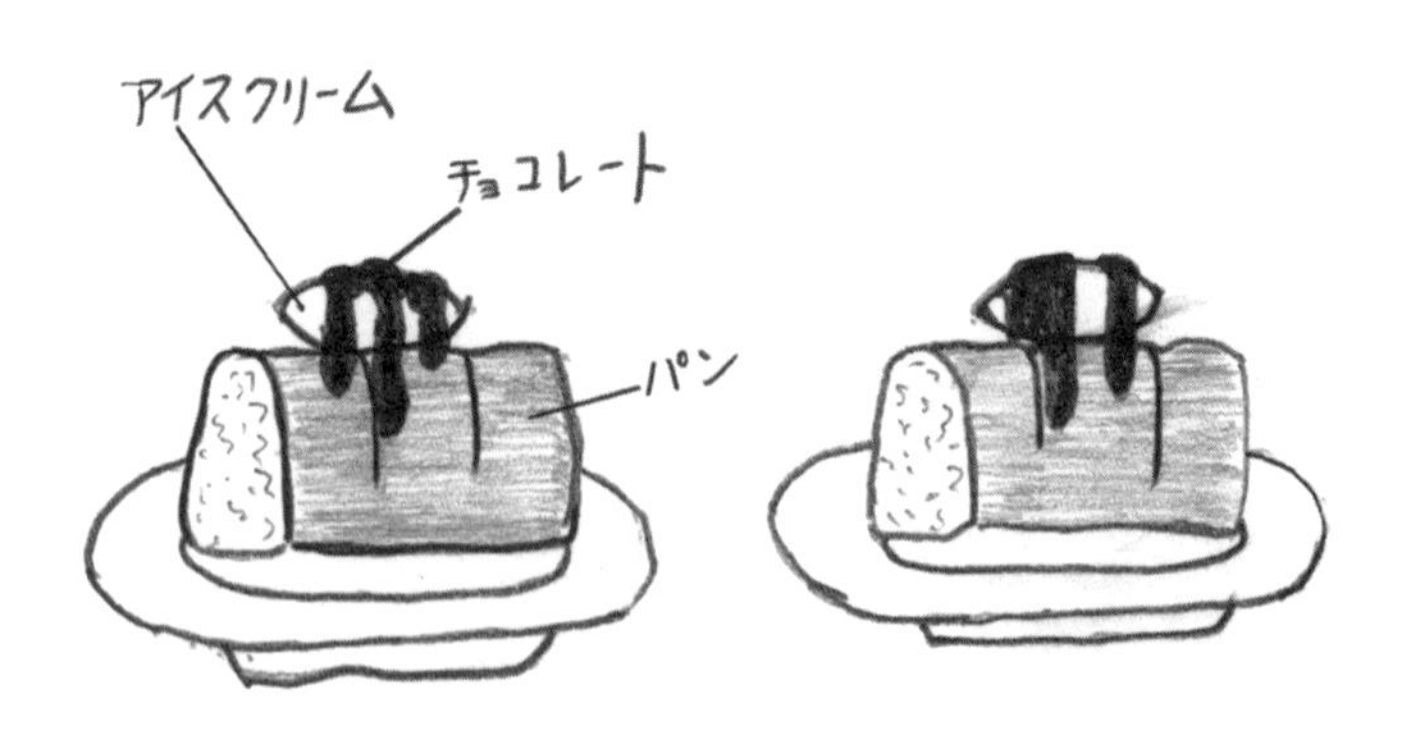

●ケーキ作り

「パンの上にアイスクリームをのせ、ちゅぶ（チューブ）のチョコレートをまきました」の部分に赤ペンでマルがしてありましたので、先生は本当においしそうに思われたのかも知れません。

近頃は、チューブのチョコレートはあまり馴染みがありませんが、当時は森永のものがあったように思います。

9月21日　木曜日

あつし君や、よしかず君と、テニスをしました。

ぼくは、あんまりじょうずでわ（は）ありませんので、わざとまけてもらって、クライ（位）を上にしてもらいました。

時々あつし君がおどけて頭で、うちました。


（先生のことば　まったくおもしろいね）

●テニス遊び

テニスといっても、本物のテニスではなく、相手と自分の間に線を引き、ゴムボールを線の手前でワンバウンドさせて相手の側に入れるという、運動になる遊びで、夢中になりました。

これと似たような遊びは、現在でも子どもたちが楽しんでいるようですが、呼び名やルールが地方によって少し違うようです。

一般的には「天大中小」という名前で、大きさの違う四つのマス目のラインを地面に引き、相手の陣地にボールを打ちつけて遊ぶやり方のようです。

9月25日　月曜日

貝がらひろいに、行きました。そしたらあつし君もいました。
水の中に、はいっていたら、きゅうに大波が、きました。
とくに、やどかに(り)のからをひろいました
うちへかえって、ふくろを、ひろげたら、いきているやどかに(り)がいました

(先生のことば　いろいろひろえたのね)

●貝殻拾い

浜辺が近かったので、よく遊びに行きました。私は、二枚貝よりヤドカリが仮住まいに使っていたような巻貝が好きでした。海も貝も美しい思い出です。

9月27日　水曜日

おとうさんが、会社から、帰って、来てから、あそんでもらいました。
うまに、なって、もらったりしました。
おとうさんが下になって、ぼくが上になって、手と足をあわせて、あそびました。
それがこわれると、おとうさんがひげでくすぐるから、とてもくすぐったい

●帰宅した父との遊び

私も自分の息子と同じ遊びをしました。父に遊んでもらった思い出があるからです。親子の楽しいふれ合いです。

私の息子はまだ独り身なので、子どもはいません。もし子どもができたら、息子は同じように遊んであげるでしょうか。

10月1日　日曜日

紙ひこうきを作って、弟とどこまでとぶか、くらべっこしました。
さいしょは、ぼくがまけたので作りなおしました。
そしたらぼくが、かったから弟がぼくも、なおして、
と、言ったのでなおしてあげました。

●紙飛行機飛ばし

弟は幼かったので、紙飛行機をうまく折れなかったのです。折り方ひとつで、大空を長く飛ばすことができ、その姿は魅力的でした。

紙飛行機を長く飛ばすように折るコツは、飛行機の翼の幅をあまり広くしないことだったように思います。翼の幅をシャープにした方が、スーッと飛んでいった記憶です。

10月3日　火曜日

おかあさんにたのまれておつかいに、行きました。
橋本と言う店で、マンガの本をもらいました。
こんどは、たばこやでアメを六つもらいました
うちへかえってからおつかいに行ったほうびに
200円もらいました
きょうはまったくとくしたよ。

（先生のことば　たくさんもらったね）

●お使いとお駄賃

母からもらったお駄賃のほかに、お店の人からもいろいろもらえました。こういうことは、めったにありません。うれしい出来事でした。

当時は、ラーメン一杯が三十円で食べることができましたので、二百円はそうとう高額なお小遣いでした。

10月4日　水曜日

うんどう会のれんしゅうで、つかれて、
とぼとぼあるいていたら、
さいわいおとうとが、さんりんしゃで、
あそんでいたので、
うしろにのせてもらて（もらって）、うちまでつれて
いってもらいました。

（先生のことば　おもそうね）

●下校時に弟と会う

「とぼとぼ」というところに、先生が赤ペンでマルをつけてくれていました。先生は、この表現が気に入ってくれたのだと思います。

それにしても、先生のことばどおり、私は楽チンでしたが、弟は三輪車をこぐのは重かったかも知れませんね。

10月9日　月曜日

きょうは雨がふって、外へでられないので、おとうとと、つみきであそびました。しょうぎだおしみたいのやピラミッドやたかいとうやかいだんをつくりました。ピラミッドがこわれるときダーガタゴトパンコンガンとゆう音がしました。

（先生のことば　おもしろいあそびです）

●積み木遊び

家の中で遊ぶときは、よく、積み木で遊びました。

この積み木は、ひとつが五センチメートル四方の大きさで、厚さは一センチメートルほどで、木製の板状の同じ形をした五十枚ほどのセットでした。表面には文字が書いてあったと思います。これを高く積み上げたり、横に並べてドミノ倒しをして遊びました。

10月10日　火曜日

みんなで、ふろにはいりました。
あまり暑（熱）いので水を入れました。
いい気になっていたら、いれすぎてしまいました
そしたらおかあさんにコッツンとやられました
外へでるのがこわいのでおとうさんたちが
あらいおわるまでまっていました

（先生のことば　ながいことおふろにはいっていたの）

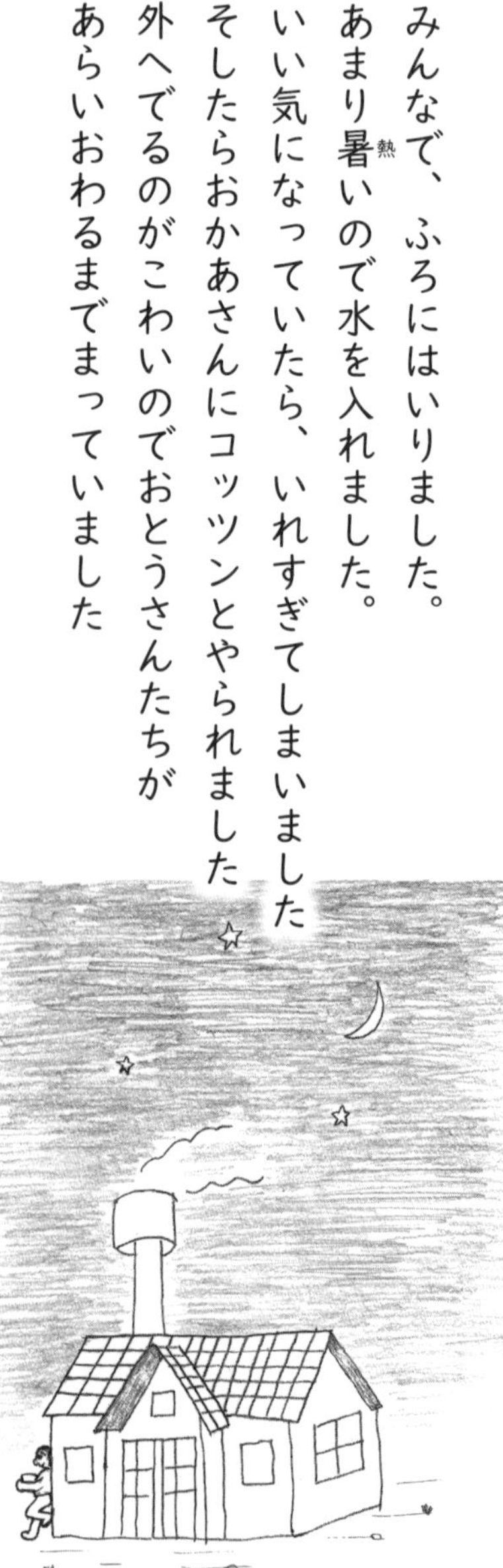

●家族で入浴

社宅のお風呂場は無事完成しましたが、住んでいる場所と少し離れたところにあって、夜、入浴する時は、家族そろって行きました。

自分だけ先に帰っても、家の中は真っ暗だし、少し怖いので、家族が上がるまで、着替え場などで待っていました。

10月11日　水曜日

ぼくのクラスの女の子が三人で、
「足にけがをしたから、はなかみをちょうだい」と言いました。
ぼくは「くすりをつけてやるからおいで」
といったら
「はなかみだけでいい」といったので、あげました。
きずのとこを見たらうみがでていました
あまりきたないので、へどがでそうになりました

（先生のことば　いつのことですか）

●女子のケガ

今では、女の子にもっと何とかしてあげられなかったものかと後悔（こうかい）しています。この時代（じだい）はすでに、男子も女子もお互（たが）いに何でも話せました。一緒（いっしょ）になって、この日記にも出てくる、テニスや「いっぽせ」などでよく遊（あそ）びました。

10月12日　木曜日

きょうは、おかあさんがテレビで見たお
りょうりを作ってくれました
それは、パンにソーセジ（ソーセージ）をまいて油で、あ
げたものです、
おいしかったので、たくさんたべました。
ぼくのおかあさんは時々かわったおいしい
物を作ってくれます

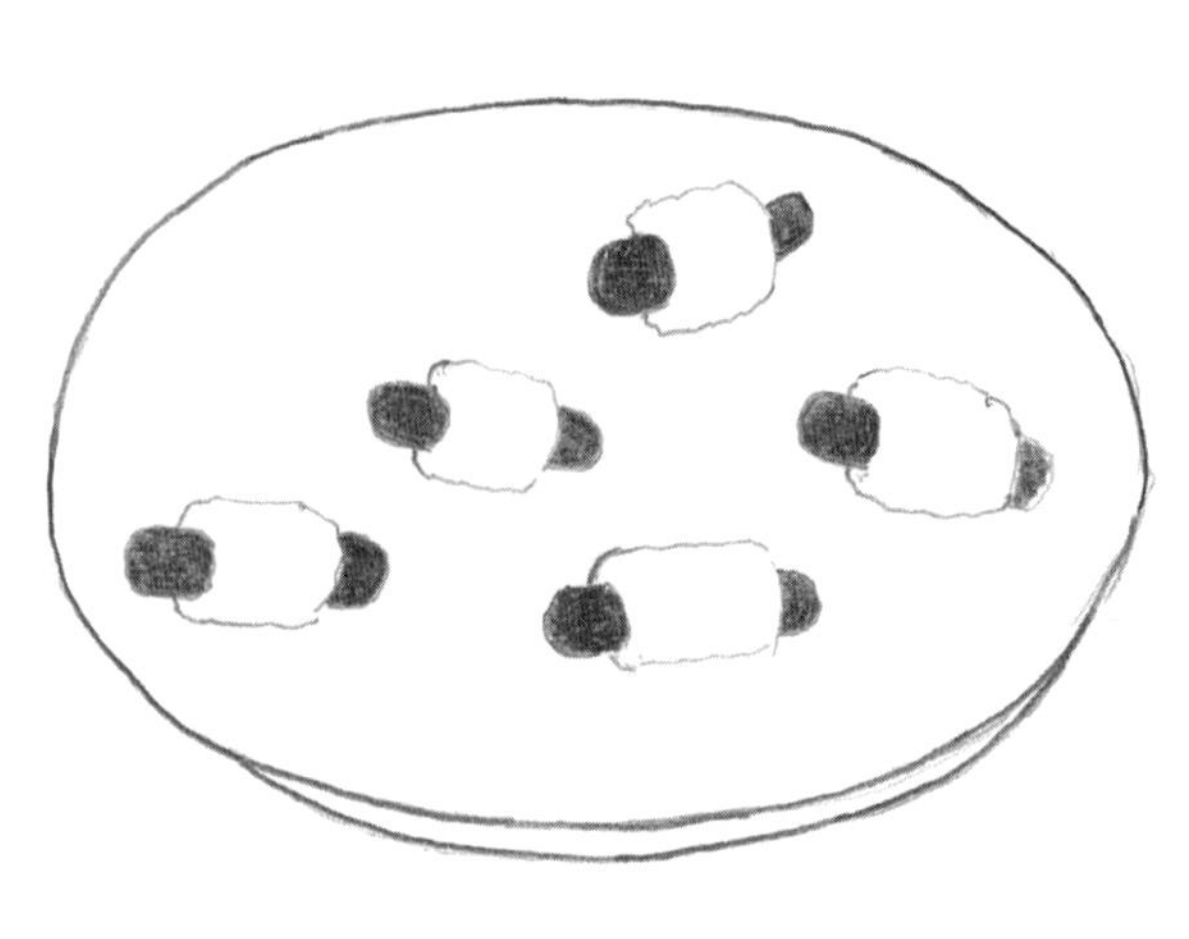

●母の料理(りょうり)

シンプルな料理ですが、ウインナーソーセージが使(つか)ってあるので、子どもにとってはおいしかったのだと思います。

当時のウインナーソーセージは、皮(かわ)が赤い色をしていました。今ではあまり見かけませんね。

10月13日　金曜日

おかあさんに、みかんをもらいました。
まだ青くて、しぶそうなみかんです。かわをむいて、
中の実をたべました
するとちゅーと目にとびました。ひりひりと目にし
みこみました。
つぎの実をたべたらしょっぱくて、にがいあじがし
ました

（先生のことば　まだ少し早いね）

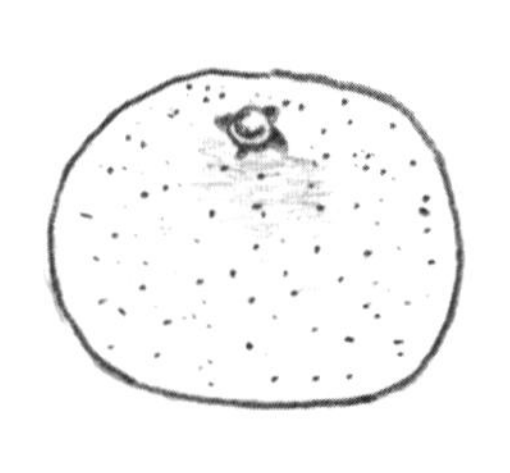

●まだ青いミカン

まだ青いミカンは、値段（ねだん）が高かったのに買ってきてくれたので、すっぱかったけど大切に食べました。

当時のおやつは、おせんべい、おまんじゅう、ビスケット、サツマイモの蒸（ふ）かしたもの、ミカンなど素朴（そぼく）なものが多かったですが、常時（じょうじ）あるわけではありませんでした。三時のおやつとしてショートケーキなんかを毎日食べていたのは、お金持（かねも）ちの家の子ではないかと思います。

10月15日　日曜日

ふみだいを、りようしてぶらんこを作くり（作り）ました
よこの、いたは、じゃまだから、とってしまいました。
わらの、つなをぶらさげました
そしてそこに、すわって、ゆらしたらつながきれてしまいました
なんべんもなんべんもきったので、とうとう、だめになってしまいました

（先生のことば　うちのにわであそんだの）

●踏み台を利用したブランコ

ちょっと危ない遊びですよね。ケガをしなくてよかったです。

最近の児童公園では、ブランコ、シーソー、回転ジャングルジムなどの遊具が、ケガをするので危ないということで、撤去されてしまったところもあるようです。

遊ぶ子どもの安全第一を考えてのことだとは思いますが、どんどん子どもが遊べなくなっていくようで、かわいそうな気もします。

10月16日　月曜日

あつし君と、たんぼに、メダカを、とりにいきました。
よくみるとメダカの、かたまりがたくさんありました
ぼくは、とくいになって、ズボッとはいったら、みんなにげてしまいました。おいかけていったら、だんだんふかくなって左のながぐつに水がはいってしまいました
もうやんなっちゃうからメダカをとるのをあきらめました

（先生のことば　少しはつかまえたかね）

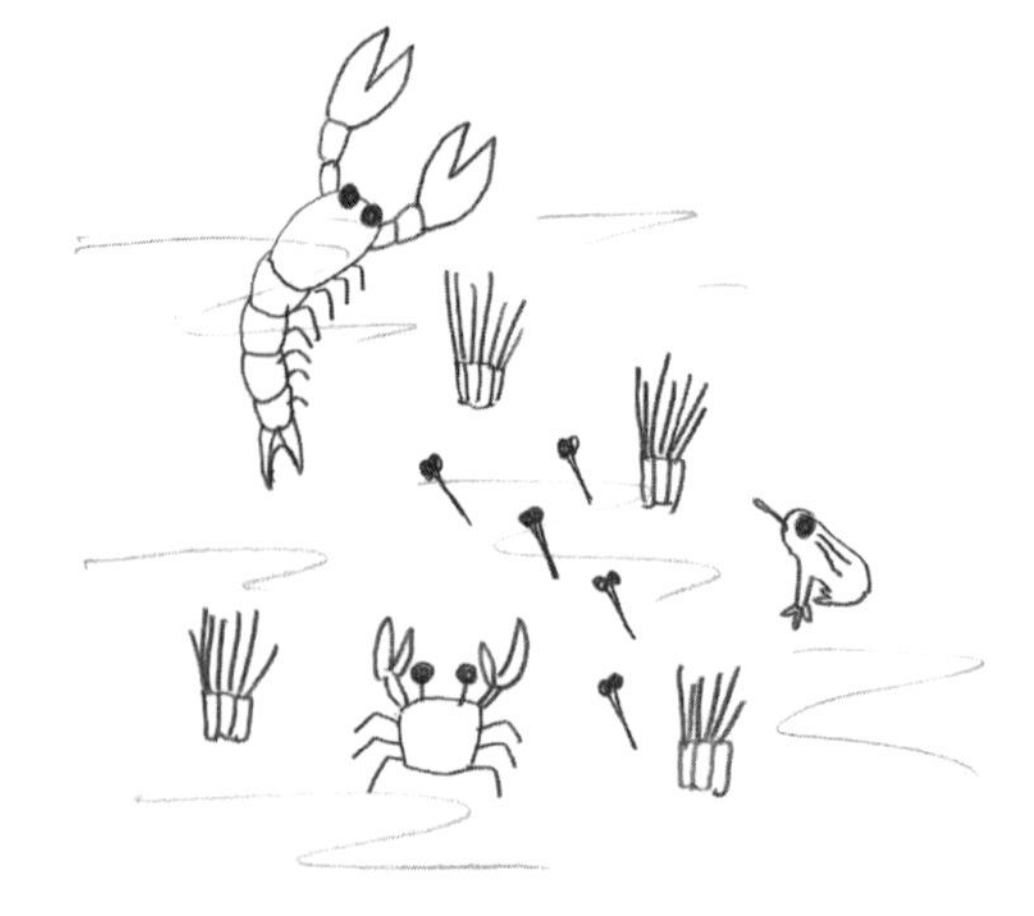

●メダカ捕り

家のまわりには田んぼがたくさんありました。田んぼには、メダカ、カエル、ザリガニなどの生き物がいました。この日は、何も捕れませんでした。

10月17日　火曜日

みんなが、コマで、あそんでいるから、ぼくも
やって、みたくなりました。
夕方、あつし君といっしょに、コマをかいに、い
きました。
25円のコマと、5円のひもをかいました。
おしゃべりをしたりコマをまわしながらかへりま
した
ひのみやぐらのところであつし君とわかれました、
ひとりであるいていると、こわいので、きょろ
きょろしながらあるきました

（先生のことば　まわせるようになったかね）

●コマ回し

コマを回すのは難しかったです。友達はみんな回せましたが、私は今でも回せません。

このときのコマは、中心に軸のある一般的なコマでした。河和の子どもたちは、ベーゴマでは遊ばなかったという記憶です。

10月18日　水曜日

こんろで、ひをおこすときおてつだいしました。
さいしょは上のほうからあおいだら、よこの四角のあなからあおぎなさいとおかあさんがいいました。よこにあおいだらひがボーとでました。
たてにあおいだら、花火みたいに火の子（粉）がとびました、
あまりきれいなのでなんべんもしました

（先生のことば　やっぱりあおぐところがあるからそこからあおぐとよいね）

●七輪コンロの火熾し

プロパンガスボンベが入るまでは、鍋で煮物などの料理をするときは、七輪コンロで火を熾していました。

プロパンガスは昭和二十九年頃から少しずつ家庭に普及するようになったそうですが、我が家でも、この後しばらく経って、プロパンガスになりました。

10月19日　木曜日

ぼくは風邪ひきなのでいしゃへいきました。
名前をよばれるまで本を、見てまっていました
そろそろ、ばんがきました
名前をよばれて中にはいっていきました。
ちょうしんきが、からだにさわったとき
ちょっと、
くすぐったいかんじがしました。
ちゅうしゃをうっても、いたくありませんでした。

（先生のことば　よくがまんをしたね）

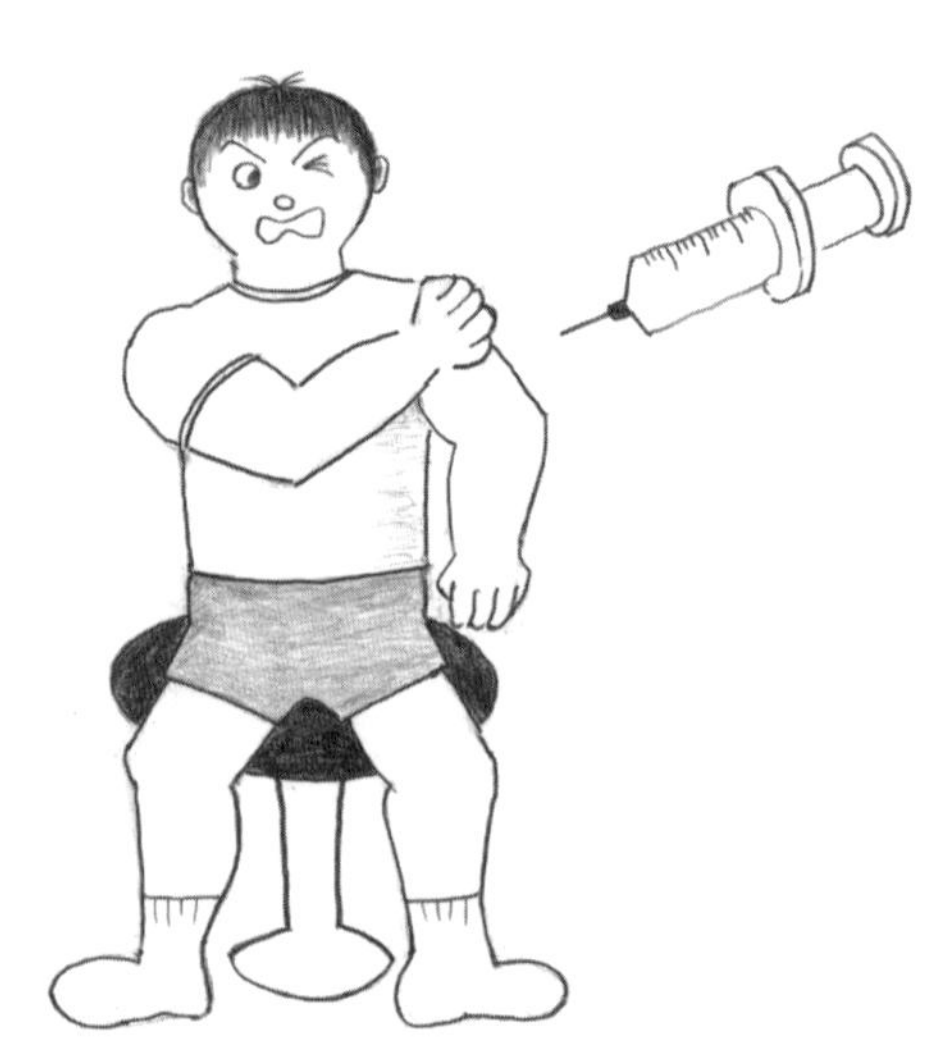

●お医者さんで

正直に言うと、注射は痛かったです。やせがまんだったかも知れません。
私は大人になった今でも、注射は嫌いです。

10月21日　土曜日

あつし君とあそぶやくそくを、して、あつし
君の、家にいったたら、
にわとりの、にくを、とっていました。
ぼくと、あつし君は、にわとりの足をもらい
ました
あしの、すじをひっぱったら足のゆびがひらい
たりつぼんだりしました
ぼくのうちに、きてからこまであそびました

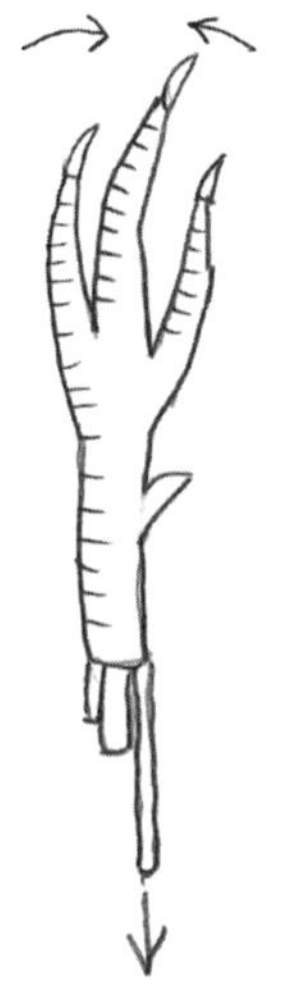

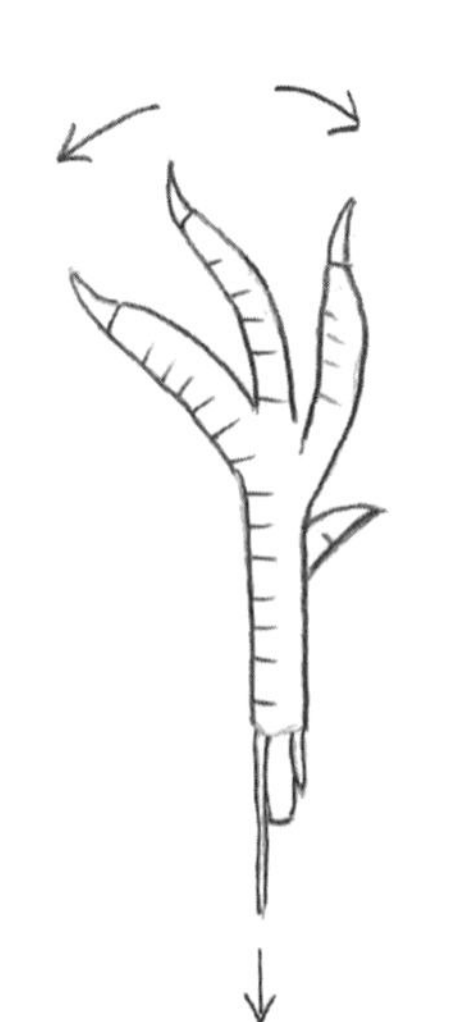

●にわとりの足

友達のあつし君の家は農家で、牛、ヤギ、にわとりなどの家畜を飼っていました。この日は、あつし君の家で食用に一羽のにわとりをさばいていたのでした。そのときのにわとりの足を一本ずつもらって、足のすじを引っぱると、足が閉じたり、開いたりするのでおもしろがって遊びました。

今思うと、残酷な遊びだったなあと思います。

10月22日　日曜日

ビールの、はいっていた、はこを、
だるまきょうそうのときつかうような、か
ぶるものをを作りました。
すみで、かおを、かきましたが、うすくて、
なんだかわから、えのぐて、ぬりました。
そして、よこにあなをあけました。
それをかぶるとしょちゅうおこっているよ
うでした。

（先生のことば　いたくはないの　おもし
ろいだるまね）

●段ボール箱の被り物

ロボットになったつもりで、そのへんをノッシノッシ歩きまわりました。
「だるま競走」は今でも運動会で行われている種目のようですね。

10月24日　火曜日

中学校へ、あつし君たちと、あそびにいきました。
うんどうじょうのわきに、大きいきのこが、たくさんありました。
きのこをちぎって、すなばに、山をつくって、うえました。
すすきや花もうえました。あそんだあとで、きのこで、ぶつけっこしました

（先生のことば　どくばつたけでしょう）

●大きいキノコ

子どもの手の平(ひら)ぐらいの大きなキノコで、やわらかいので、当たっても痛(いた)くありませんでした。

このキノコについて調(しら)べてみたのですが、公園(こうえん)や運動場などに生(は)える「オオシロカラカサタケ」ではないかと思います。毒(どく)キノコであることから、先生が「**どくばつたけ**」という言い方をされたのではないでしょうか。

10月26日　木曜日

あつし君のおばさん、が10円くれたので
あつし君と、うつし、紙とパラーシュートを、
かいに行きました。
海から行ったほうが近いのでいったら、風が
つよくて、波が、ていぼうに、べっちゃんと、
ぶっかりました。
またなみとなみとぶつかってもり上って、く
だけました。
うちへ、帰る時なみが頭の上からふってきて、
びしょぬれになりました

（先生のことば　とおるところがいけなかったね）

●防波堤の波被り

波が防波堤にぶつかって舞い上がり、しぶきとなって上から降ってくるのを、スリルを感じてその下を走って通りました。

「写し紙」とは、トレーシングペーパーのことではないかと思うのですが、この日、何のためにこれらのものを買いに行ったのか、まったく覚えていません。もしかしたら、パラシュートを作って遊んだのかも知れません。

10月27日　金曜日

せっかくの、えんそくが、雨がふって中止に
なったのでがっかりしました。
学校に行くしたくをして、かっぱをきて、かさ
をさして外に、でたら、
風が、つよくてふっとばされそうになりました
かさも、はんたいに、なってしまいました、
おとうさんが「まえにむけ」と、いったのでま
えにむいたら、
もとどうりになりました。それで学校にかさを
もっていきませんでした

（先生のことば　ほんとうにつよい風だね）

●おちょこ傘

おちょこ傘になったはじめての経験でした。体を持っていかれそうになりました。この日の天候を調べてみたところ、この大雨は大型台風「台風二十六号」（ビリー）によるものだということが分かりました。西日本を中心に死者・行方不明者が一〇〇人ほども出たそうです。

10月28日　土曜日

ぼくが、しゅくだい、をしていた時となりの人があかんぼうをつれて、きておかあさんが、見せてあげた本をかえしに来ました。

あかんぼうが、へやのまんなかにきておしっこをしてしまいました。

そしておかあさんがふきました。

●うちに来た隣の赤ん坊

昔は、よその赤ちゃんが、お母さんにつれられて、よく遊びにきていました。よちよち歩いてかわいかったです。

昭和の時代は、隣近所で助け合って暮らしていました。現代より、家族的な時代だったと思います。

10月30日　月曜日

きょうは、えんそくです
岩山には、小つぶの岩がところどころにあ
ります、
岩山の、かんのん様の、かおは、おふろに
はいりすぎて、
のぼせたようなかをです。
あつし君と、いっしょに、おにぎりをたべ
ました
そしたら西組の男の子が来て、おにぎりを
ちょうだいと、いいました
ぼくはちょっとかんがえてからあげました。
（先生のことば　よくみたね）

●岩屋観音への遠足

私たち家族が住んでいた知多半島には、「知多四国八十八か所」という弘法大師ゆかりの霊場がありますが、「岩屋観音」も、南知多町にあるそのひとつです。

先生は、私が観音様の顔を「のぼせたようなかおです」と書いたところに、赤ペンでマルをつけてくれていました。

河和から岩屋観音までは遠くて、歩いて行きましたので、大変疲れました。

Ⅱ

昭和36年11月〜昭和37年3月

11月6日　月曜日

よこはまから、おじさんとおばさんがきました
おみやげに、えんぴつけずりで、
おとうとは、やねがでたりひっこんだり前に、
いったりばっくする
でんちでうごかすじどうしゃです
チョコレートがはこにはいっているのが、あり
ました

（先生のことば　たいへんなおくりものね）

●おじさんのお土産

おじさんは、母の弟で、私たち家族が愛知に引っ越す前に住んでいた横浜から、会いに来てくれたものです。おみやげも、おじさんに会ったこともうれしかったです。

鉛筆削りは、手動のものでした。弟がもらった自動車のおもちゃはオープンカーで、幌が電動で出たり入ったりするものでした。

11月8日　水曜日

ひでこさんとみよ子さんとはるみさんとあつし君とぼくで
いっぽせを、しました。ぼくとあつし君で組になりました。
ぼくは、あまりよくしっていないので、
教えてもらいながらやりました。
ぼくとあつし君は、なかなか一ッぽせから上に
進みませんので二ほせにあげてもらいました
でもたまをける時右に行ったり左りにいったり
して、なかなかうまくいきません
女の子三人は四ほせまでいきました。

（先生のことば　石がよそへいってしまうのね）

●いっぽせ

「いっぽせ」という遊び（あそ）は、いわゆる「石けり」のような遊びです。石を思いどおりのところへ足で蹴る（け）のは、なかなか難しかった（むずか）です。

男の子も女の子も、一緒（いっしょ）になって遊びました。「いっぽせ」という呼び名（よ）（な）は、この地方独特（ちほうどくとく）のものだと思います。

11月10日　金曜日

弟がヴィックスドロップを、やっきく（薬局）から
おかあさんに買ってもらいました。
みどり色の三角のかんでなかには、
赤色の三角のつぶが、きれいにずらりとな
らんでありました。
ぼくも、もらいました。
たべたら、はっかのように、口の中が
スーッと、しました

（先生のことば　めずらしいドロップだね）

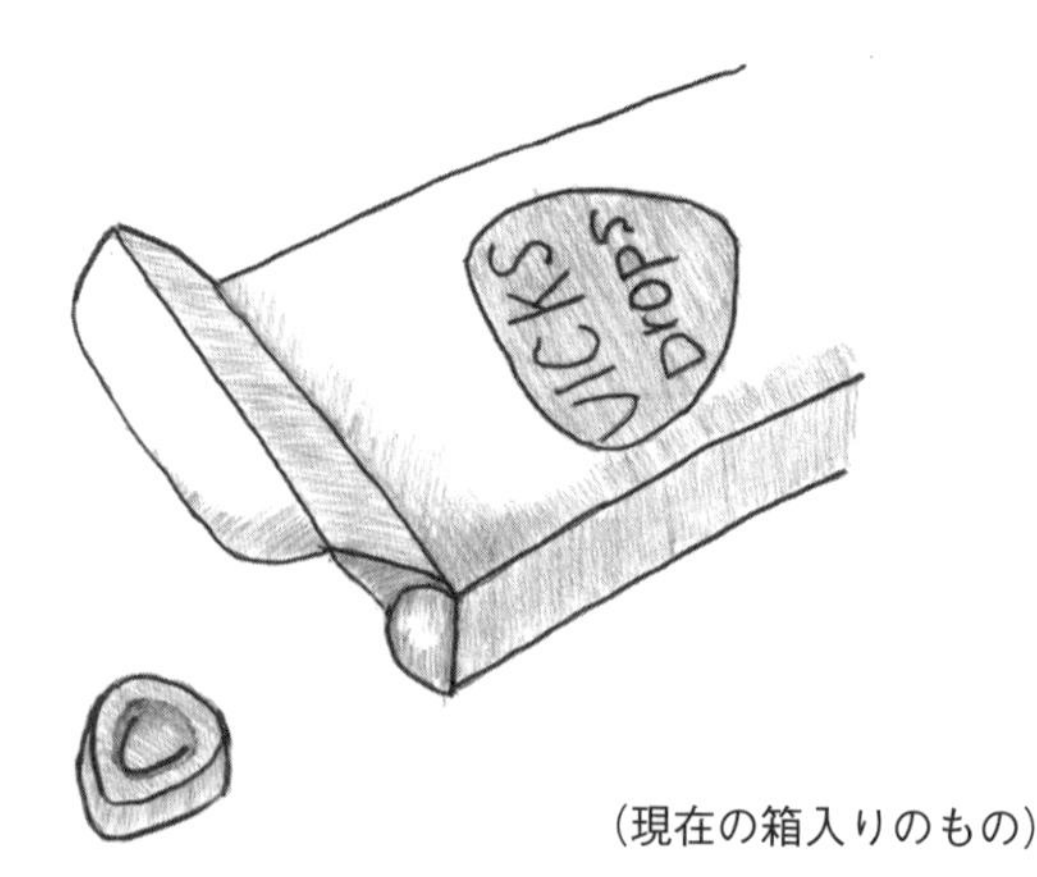

（現在の箱入りのもの）

●ヴィックスドロップ

当時はまだ珍しかったですが、今も売っています。かわいいのどあめですよね。

ところで、ドロップといえば佐久間製菓の缶入りのドロップが有名ですが、明治時代から続いたこの会社も、令和五年の一月に廃業となってしまいました。

11月12日　日曜日

あつし君とじょうとうなうちをつくりました。
まず木のぼうをたてて、よこにわらをならべま
した
トタンもつかいました。
ひらたい木をならべました
なかにわらを、ちらばしてふくろをひしきました
入口に大きいはこを、おきました
すわりごこちは、じょうじょうです

●隠れ家造り

あつし君の家の田んぼに建っていた納屋の壁を利用して、残りの三面をトタン、板、藁などで囲んだ秘密基地のようなものを造りました。この中にいると、ワクワクした気持ちになりました。ふたりでここで、宿題をしたりしました。

昔は空地も多くありましたし、子どもは、こうした基地造りのようなことが大好きですね。今の子どもはなかなかできない遊びだと思います。

11月14日　火曜日

くわやまさんが、さとうきびを、三本くれました。
よくみると、とうもろこしの木と、竹のあいだみたいでした。
かわを、むいて、しゃぶってみると、あまい、しるがたくさんでました。
こんなきびからさとうが、取れるとは、知りませんでした。

（先生のことば　はじめてたべたの）

●さとうきび

はじめて食べました。さとうきびから砂糖を作ることも、はじめて知りました。愛知県下では、大々的にさとうきびの生産をしていませんが、個人の農家さんで栽培をしているところがありましたので、八百屋さんでも、少しですが見かけたこともありました。

11月16日　木曜日

あつし君のうちに、あそびに行って、
とりのえさをやるのを手つだってあげたら、
あつし君が小さいタマゴを一つくれました。
そしたら、おばさんが
「大きいタマゴも、安井くんにあげなさい」と、いいました。
ぼくは小さいのと大きの（大きい）をポケットにいれてかけていきました
おかあさんに目玉やきをしてもらいました。
小さいタマゴには、きみがはいっていませんでした

（先生のことば　おもしろいたまごだね）

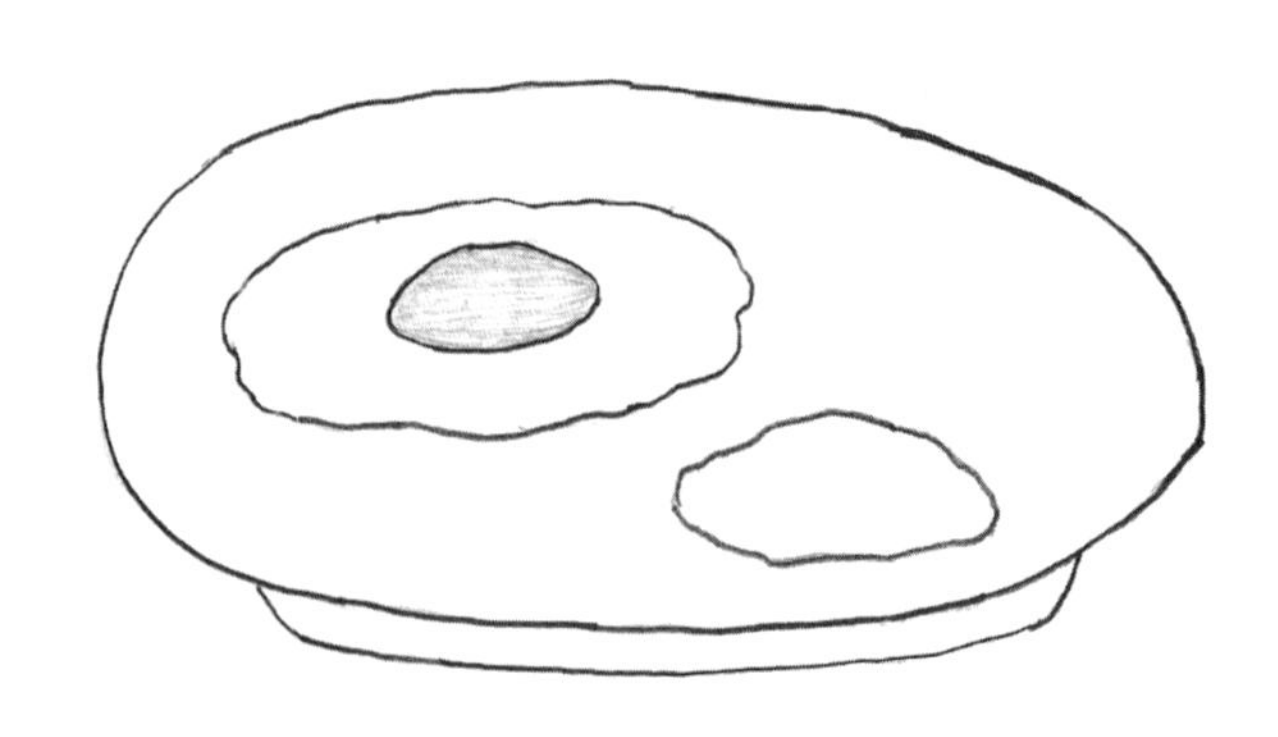

●もらったタマゴ

タマゴに黄身が入っていないことが、小さな驚きでした。偶然の出来事でしたが、黄身の入っていないタマゴに出合う確率は、十万個にひとつだそうです。

なお、この頃の我が家での煮炊きは、もうプロパンガスボンベに変わっていました。

11月17日　金曜日

先生がしゅくだいを、だしたので、
あつし君とみよこさんとはるみさんとひで
こさんとよしのぶ君で
グループべんきょうをしました。
あつし君の二回(階)でしました。二回(階)はまっく
らなので電気をつけました。
そのうちに、ていでんしました。
おばさんが、ろうそくを、もってきてくれ
ました

（先生のことば　なかよくやったね）

●友達の家で宿題

友達の家で集まって宿題をやると、楽しいし心強いけれど、つい遊んでしまいました。

「いっぽせ」で遊んだメンバーとほとんど同じですね。これらの友達の消息は、残念ながら分かっていません。みんなお元気でしょうか。

また、昔は停電が多かったですね。

11月18日　土曜日

太田川のぼくの、おばあさんがきました。

「お兄ちゃんが、学校からかえって来たら、わけなさい」

と弟に100円さつをあげました（くれました）。

ぼくが学校からかへ（え）ってきたらおばあさんがいました

おばあさんが帰ったあとで弟が100円さつをもってきて

「さあわけるよ」といってお金を半分にやぶこうとしました

ぼくがあわててやぶくのをやめさせました

●百円を分ける

当時、百円は、コインではなく、お札でした。貨幣価値も、今の百円玉よりあったと思います。

その頃の百円札には板垣退助の肖像画が描かれていました。

11月19日　日曜日

おとうとがねつをだしたので、おかあさんが
「10円あげるからサイアジンといゆうくすり
をかってきてちょうだい」
といったのでかいに行きました
くすり屋に行ってもサイアジンといゆうくす
りはありませんでした。
それで、しかたなくドミアンといゆうくすり
をかってきました

（先生のことば　かぜでもひいたのかしら）

●弟の発熱

母の言っていた薬がなかったので、困りました。「サイアジン」という薬は、現在は主に目薬や皮膚病に使う軟膏のようです。ただ、昔の広告に「下痢、感冒、化膿症にサイアジン」とありましたので、子どもが発熱したときなどに、服用させていたようです。また、代わりに買った「ドミアン」という薬も、基本的に目薬で使う成分のようですが、下痢、腸炎、肺炎に効く薬としても使われていたようです。

11月20日　月曜日

中学校へあつし君とくまがい君とよしかず君とぼくであそびに行きました。
うんどうじょうのすみに、てつぼうがありましたてつぼうの前の所にすごく大きい水たまりがありました
その水たまりへ石をなげて、水のかけっこをしました。
それからこうどうで、おにごっこをしてあそびました。

（先生のことば　中学校の先生におこられないかね）

●中学校の運動場での遊び

当時、中学校の校庭などには自由に出入りができて、遊ぶことができました。中学校の先生に怒られることもありませんでした。

11月22日　水曜日

まさみ君と、海で、あう、やくそくをしました。
まさみ君だけでなく、しげる君と、安井君、と、
かつみ君、と、
しげとし君、もいっしょでした。
それで、みんなで、どんまをしました。
ぼくと、しげる君としげとし君で組になりました。
しげる君が、インチキをするのでぼくたちが、
とく、ばかりしていいます
あまりおもしろいので5時ごろまで、しました

●どんま

「どんま」という遊びは、「どうま」と言う地方もあるようですが、いわゆる「馬乗り」遊びのようなものです。現代では、危ないから決してやってはいけない遊びのひとつですね。でも、大勢の友達とワイワイ遊ぶのは楽しかったなあ。

なお、クラスには、私以外に、もうひとり安井君という子がいました。

11月24日　金曜日

風がつよくてさむいので、おかあさんに、
こたつに火を、入れてもらいました。
あまりあったかいので、ボーッと、天国に
行ったような気もちになって
だんだんねむくなりました

●こたつで居眠り

この頃は電気でなく、炭に火を熾して暖まるこたつで、床を掘りごたつにして、中に炭を入れている家もありましたが、我が家は炭を入れた鉢を畳の上に置いていました。とてもポカポカ、あったかでした。

11月26日　日曜日

あつし君が、「畑に行く」といったので、
畑へいきました。
弟もつれていきました
畑に行ったらやきいもをやいてあつし君が
ぼくと、弟にくれました。
それから、いもを、もぎとるのを、手つ
だってあげました。
大き（大きい）のや小さいのがありました。
あひるの形をしたのやひょうた（ひょうたん）のようなの
もありました

（先生のことば　たのしかったでしょう）

●いも掘り

やきいもを食べたり、いも掘りをしたり、ほんとうに楽しかったです。

最近は「たき火」が原則禁止で、煙が上がっているのが見つかると消防車が飛んで来ますよね。のどかなたき火の風景はもう見ることができないのでしょうね。

11月27日　月曜日

かつみ君と、のりひさ君とあつし君と安井君と、
まさひこ君とぼくとよしのぶ君でソフトをしてあそぶやくそくをしました。
まだぼくとよしのぶくんとあつし君と、のりひさ君しかきていませんでした
すこしたってから安井君たちがきました。
5時7分ぐらいまでやっていました。
もうくらくなったのでかえりました。

（先生のことば　学校でやったの）

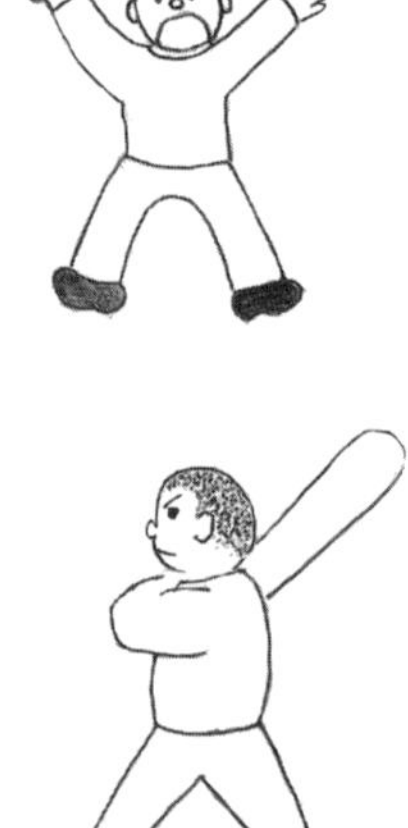

●ソフトボール

学校の校庭で、放課後に遊ぶ約束をしました。

私は球技が苦手で、なかなかボールをバットに当てられませんでした。でも、大勢で遊ぶことができて楽しかったです。

11月29日　水曜日

おかあさんにまたかわった、りょうりを作って、
もらいました。
にくやたまねぎをきざんで、フライパンでにて、
うどうこ（うどん粉）を、水でねってそれをちぎって、
ひらっぺたく（ひらべったく）して
フライパンでにたのを、ひらっぺたい（ひらべったい）のでつつ
んで油で、あげました
ソースをつけてたべたらとてもおいしかった

（先生のことば　なんというりょうりですか）

●また母の料理

　先生もお尋ねでしたが、料理の名前は定かではありません。コロッケ、メンチカツあたりか、パン粉が出てきていませんので、ピロシキみたいなものかなあ。いずれにしても、おいしかったことは間違いありません。

12月1日　金曜日

弟の、ようちえんという、1月号が、きたので、その、ふろくで、あそびました。パンやさん、あそびがあったので、それをしました

テーブルの上に、しなものをならべました。弟がパンやになったとき。まだ「かう」といってないのに、かってに、紙のお金をとってしなものをくれます

（先生のことば　弟さんのものをよこどりはいけないよ）

●弟の月刊雑誌の付録

先生のお言葉は、私が弟の購読している月刊雑誌を横取りしたと勘違いされたのだと思います。付録で一緒に遊んだだけですもんね。

私も「少年」という月刊雑誌をとっていて、それには、鉄腕アトム、鉄人28号、サスケなどの、今では錚々たる漫画が連載されていました。月に一度の楽しみで、来るのが待ち遠しかったです。

最近では、少子化によって廃刊になった子ども向け学習雑誌もあるようで、淋しい限りです。

12月3日　日曜日

いままで、おとうさんとねていたけど。
ことし（今夜）から自分でねることにしました。
だからあたらしいふとんを作ってもらいました。
それからもうふも、かって、もらいました
そうしてねたら、とてもふわふわしてあったかかった。

●今夜からひとりで寝る

自立しないといけない年齢になったのだなあと思いました。淋しさもありましたが、自由さも感じました。

12月4日　月曜日

えんぴつけずりのはこと虫メガネ二つでげんとうを作りました。

えんぴつけづりのはこに、うしろと前にあなをあけて、虫メガネを、セロテープではこにつけて、できあがり、です。

そうして、かいちゅうでんとうを虫めがねのところにおいて
しゃしんのげんばんを前のところの虫メガネにちかづけました。

するうすくうつりました

（先生のことば　うまくくふうをしたね）

●手作りの幻灯機(げんとうき)

学校で幻灯機を見るときがありましたので、それをまねて、手作りをしました。

レトロなものは、味(あじ)があっていいですね。今の子どもには物足(ものた)りないものなのかも知れませんが。

12月12日　火曜日

ふうせんで弟と、あそびました。

ふうせんをふらまして（ふくらまして）、ふうせんの口をはなして、とばしてあそびました
くるくるまわったりまっすぐとんだりしました。

それからふうせんの口をふさいで、なげっこしました。

さいごにはとうとうわってしまいました

（先生のことば　ふうせんはだれがかってきたの）

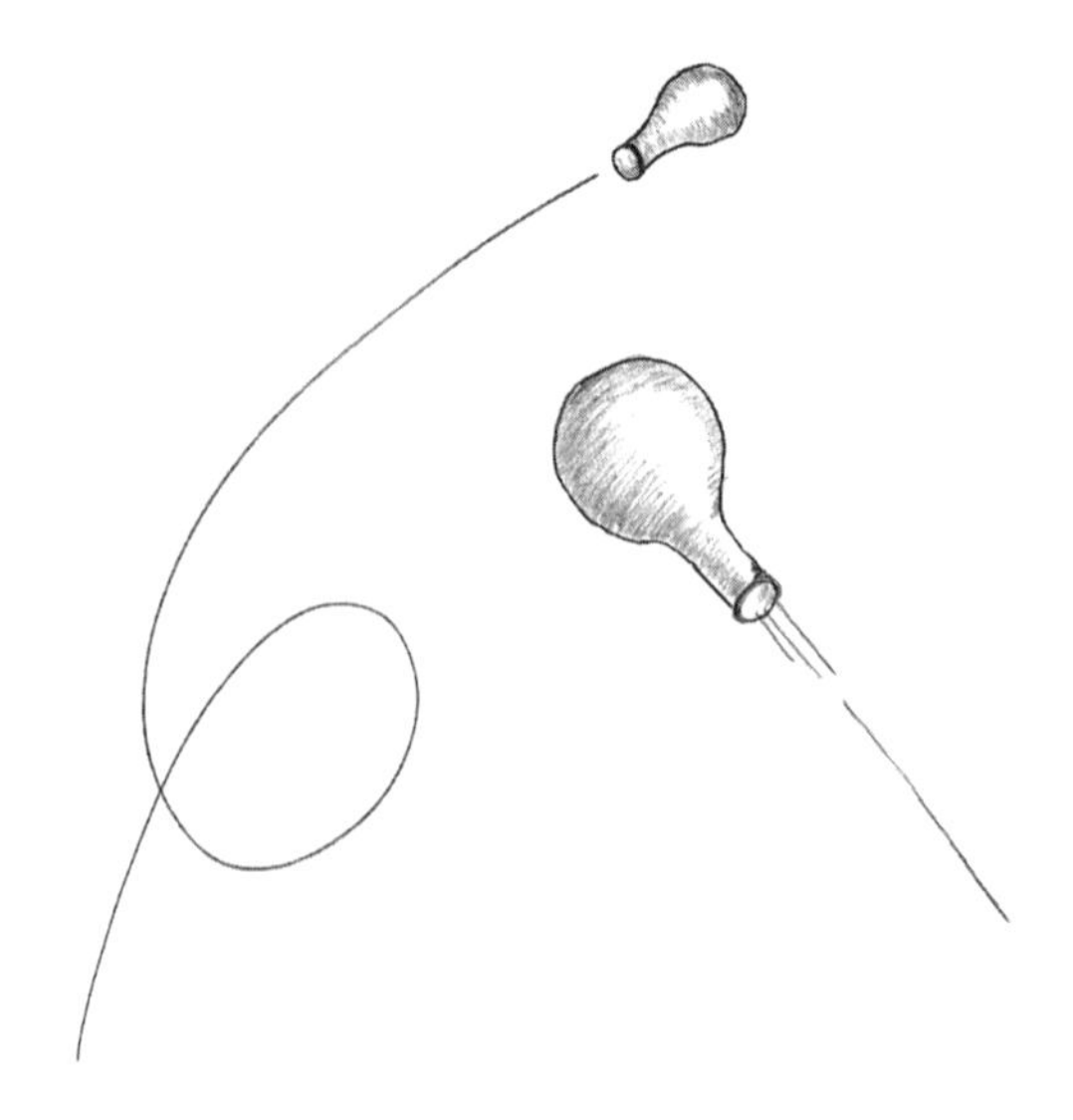

●風船（ふうせん）

風船は、家にあったものです。どこかでもらったものだと思います。風船が不規則（ふきそく）にふわふわと飛（と）ぶのが面白（おもしろ）かったです。

12月13日　水曜日

学校で作って、きた、たこを中学校でとばすやくそくをあつし君と、しました。

風がなかったので、はしってとばしました。そしたらスーと空にまい上り（がり）ました。とばしたあとですなばてあそびました。

帰るとき、弟にたこをかしてあげて、とばしながら帰りました。


（先生のことば　じょうずにできあがりました）

●凧揚げ

この凧は、学校の工作の授業で自分で作ったものですが、これがよく空に揚がりました。

凧揚げはお正月の風物詩ですが、今ではすっかり見かけることはなくなりました。凧揚げができる広い場所が少なくなったのも理由のひとつですが、電線に引っかかってトラブルになって、禁止したという地域もあるそうです。

12月18日　月曜日

弟とかるた取りをしました
弟は字を少ししか、しらないので、ぼくが
よみました。
そうなると弟だけが、取ることになるから、
ぼくもとることにしました、
弟より、ぼくのほうがたくさんとりました
ぼくがたくさんとったわけをいゆ（う）と
カードをよむまえに、えを見よ（見て）んでとった
からです

（先生のことば　これからはわざとまけて
やるとよいよ）

●かるた取り

かるたを読むときに、取るかるたの位置を確認してから読むというズルをしていました。先生のおっしゃる通り、私は年上なんだから、わざと負けてやる余裕が必要でしたね。

12月19日　火曜日

あつし君と、あそぶやくそくをしました。弟がみちのところでうろうろしていたので、つれていきました。

あつし君のうちのいぬのぽちつりをしました。れんぎょといゆう花のえだを、もぎとってそれに、糸をつるして、糸のさきにさかなをしばってぶるさげておくと、ぽちがきてぱくっとくわえます。

みかんをつるしたら弟がくわえたので弟つりになりました

（先生のことば　まったくおもしろいね）

●ぽち釣り

当時は、テレビゲームはありませんでしたが、自分らで考えた遊びをよくやっていたと思います。

ちなみに「れんぎょ」とは「レンギョウ」という、春に黄色い花をつける低木のことです。枝が細くて長く、釣り竿のようでした。

12月21日　木曜日

おかあさんが、「おつかいに、行ってくるから
るすばんしなさい」
と、いったので
弟と、こたつにあたりながら、トランプをし
てるすばんをしました。
弟はばばぬきと、しんけいすいしゃくしかし
らないので
あまりおもしろくありませんでした、
ちょっとおなかがすいたので、おかしをばり
ばりたべました

（先生のことば　おかしをぬすみぐいかね）

●留守番

先生は、さすがに勘が鋭いです。

先生は、おやつなどのお菓子は、親の許可の下で食べるという前提でおられたと思います。子どもたちだけでお菓子を食べたというのは、盗み食いに違いないと思われたのでしょうか。

12月23日　土曜日

きんじょの子三、四人とぼくであつし君の
うちでクリスマス会をしました
ジェスチャーをしたり、なぞなぞや本をよ
んでみんなに聞かせたりして、
たのしみました
そして、へやにはかざりがあってへやをく
らくしてろうそくに火をつけました。

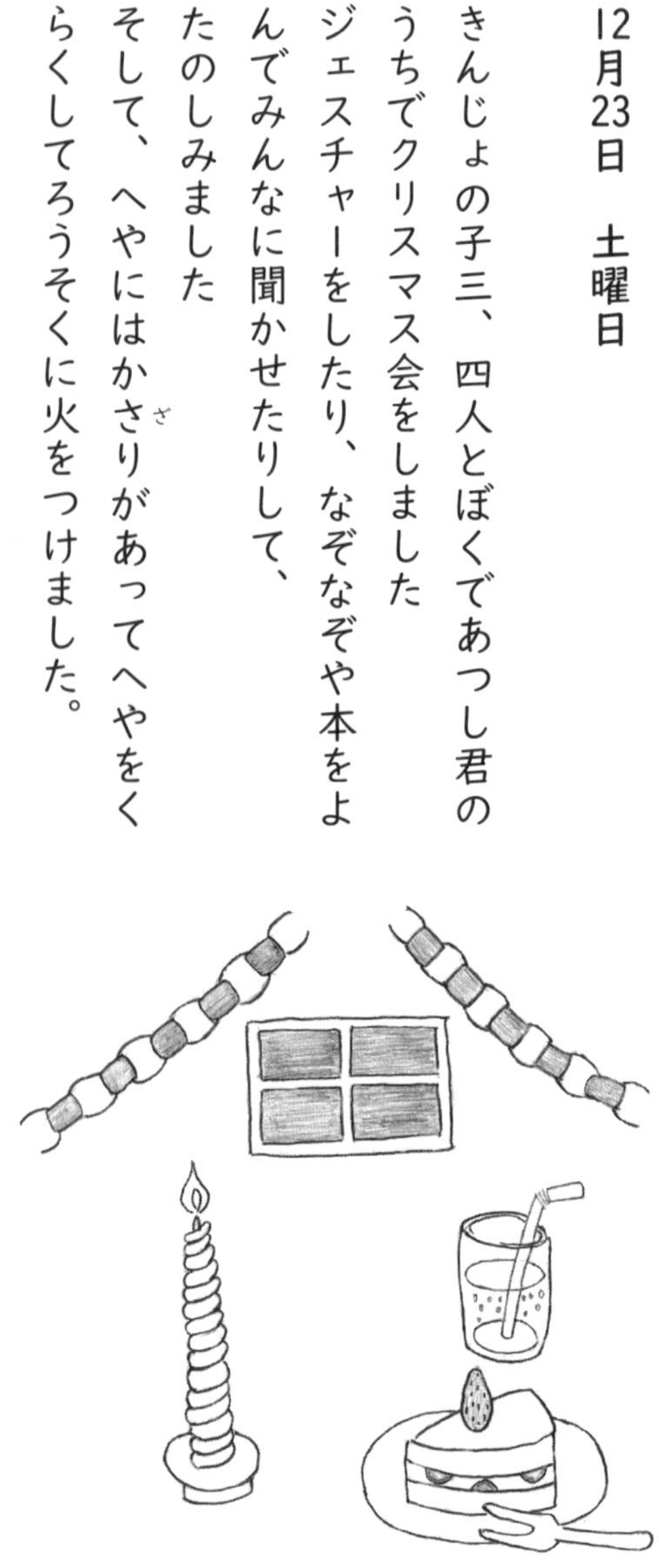

●クリスマス会

ささやかですが、友達との楽しいクリスマスパーティでした。当時のクリスマスは、友達や家族で楽しむのが一般的でした。いつから恋人たちが過ごす日に変わったんでしょうね。

12月28日　木曜日

じくで、そうじ（かたずける）のがあるから手つだいにいきました。ドリルをそろえたりほうきで、うちの中をはいたりにわをはいたりしました、仕事をしたあとで先生にえんぴつーダースをもらいました

●塾（じゅく）の大掃除（おおそうじ）

だんなさんが中学校の先生をされている家の奥（おく）さんが、塾の先生をされていました。大みそかが近いので、そこのお家の大掃除があり、お手伝（てつだ）いをしました。

12月30日　土曜日

おばあさんのうちにもちつきに行きましたぼくももちをついてみました。
見ているとかんたんみたいだけど
自分がやってみるとなかなかできませんでした
それからもちをまるめるのを手つだいました
そのほうがかんたんでした。

●餅(もち)つき

太田川(おおたがわ)の父の実家(じっか)には、杵(きね)と臼(うす)があって、お正月が近くなると、餅つきをしました。杵が重くて餅をつくのは難(むずか)しかったです。

1月1日　月曜日

ぼくのうちの人だけでトランプをしました
さいしょは、ばばぬきをしました
ぼくのところに、ばばがきましたが、おかあさんがとってしまいました。
ぼくがとるあいては弟でした
弟はぼくに、カードを見せたので同じカードをとるのは、かんたんでした。
だからぼくが一ばになりました

●家族でトランプ

家族でゆっくり過ごすときに、よくトランプをしました。ババ抜き以外でやったトランプは、七並べ、神経衰弱ぐらいでした。

父、母、弟、そして私の四人でしたが、だいたい私が一番になっていたように思います。それは、自分で言うのも何ですが、私が一番勘が冴えていたからだと思います。

1月4日　木曜日

ビラまきひこうきがビラをまきました。
ぼくと弟はビラがおちる、ほうへ、はしっていきました。
よそのこにひろわれたら、やんなっちゃうから、
しにものぐるいで行きました、
ビラを見たらしょう金10万円のクイズが、かいてありました。

●ビラ撒き飛行機

　今では、ほとんどビラ撒き飛行機を見ませんが（昭和三十九年の東京オリンピック後、昭和四十年代には全国で禁止となったそうです）、昔は、たまに見ることがありました。近くの田んぼにビラがたくさん舞い降りてきました。それを遮二無二拾い集めました。結局それがかたづけになったようです。

1月11日　木曜日

弟と、さかなつりをして、遊びました。
紙をさかなの形にきって、そのさかなの、
まん中にくぎをさしました。
そのようにたくさん作りました
じしゃくを、糸でゆわいて（結わえつけて）、さかなのところにじしゃくをなげると
くぎとじしゃくが、つくから糸をひくとさかながつれたように見る（見える）のである

（先生のことば　よいものを作ったね、運動会にもよくやるね）

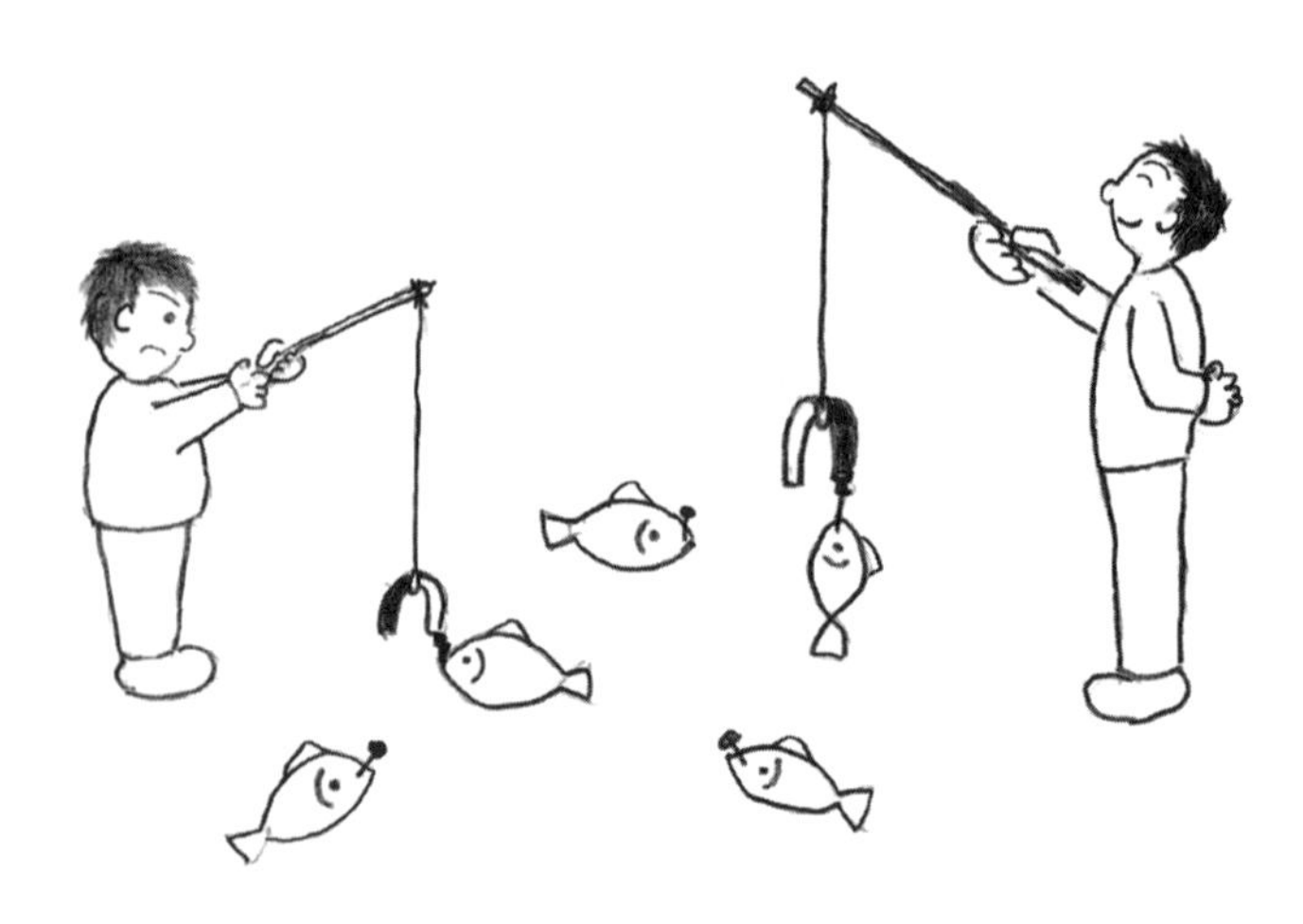

●紙の魚釣り

本物の魚釣りでは、釣れたことがありませんでしたが、これはよく釣れました。
当時は、こうした簡単な遊び道具は、自分で作るのが当たり前でした。

1月12日　金曜日

学校から帰ってきた時おなかが少しすいて
いたので
ちゃダンスの中にはいっているいもを、た
べて、ポケットにもいれました、
とけいを見たらもうじく（じゅく）へ行くじかんなの
で、じく（じゅく）へいきました。
ポケットからいもをとってたべようとした
ら、先生がジロリと見たので、
あわててポケットにいれました

●いもの盗（ぬす）み食い

腹（はら）が減（へ）っては、勉強も戦（いくさ）もできぬといったところでしょうか。

このいもは、蒸（ふ）かしたさつまいもでした。蒸かしたさつまいもは、おやつとしてよく食べました。

1月15日　月曜日

となりの中村さんのおねえさん、二りとぼ
くでバトミントンであそびました
まけたら、スミをぬることにしました
顔に、まる、をかいたりひげをかいたり
しました。
さいごには、もうスミだらけになりました

（先生のことば　おもしろいあそびです）

●バドミントン

まだ、お正月気分で、羽子板で負けたときにスミを顔に塗るルールと同じやりかたで遊びました。ひげを描いたり、めがねを描いたり、だんだん面白い顔になってきました。

1月17日　水曜日

このごろよくさむくなったので手にひびがはいってしまいました。
だから、おふろにはいるとき手がピリピリといたくなりました。
ふろからでると手がまっかになっていました。
おとうさんに見せたら、しもやけじゃなくて「ゆうやけだよ」といいました。
チョコラザーネといゆうクスリを、つけたらいたく、なくなりました

（先生のことば　ひびができるのは、手をよくあらってあかをおとしておくとできません）

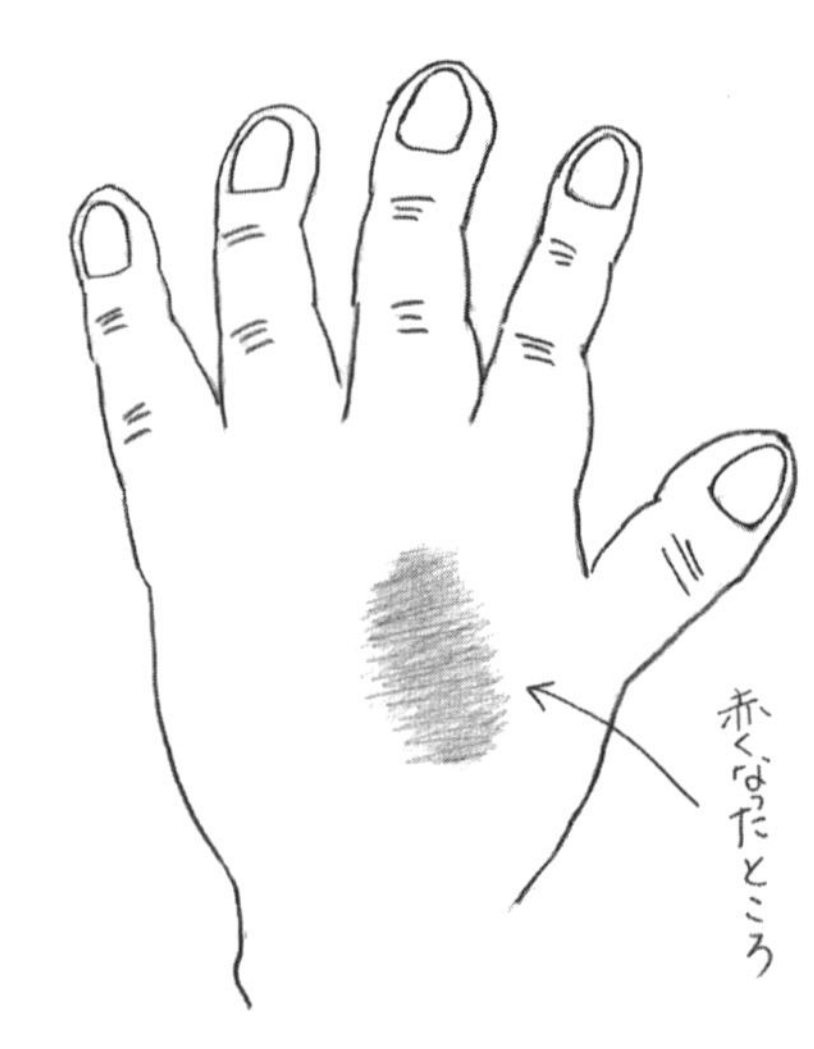

●手のヒビ

先生のコメントに感謝です。これ以降は、手を清潔にすることを心がけました。

ちなみに、「チョコラザーネ」という塗り薬は、昔からの定番商品でしたが、現在は売っていないようです。

1月18日　木曜日

学校の休けい時間に、あつし君が、しんじゅとよくにたものをひろいました、ぼくは、「それはきっとニセモノだよ」といいました、

学校から帰ってきてからしんじゅのようなものをわることにきめました、

トンカチで、さいしょはあつし君がたたいたら、かたくなかなかわれませんでした

ぼくがちからをこめてやったら、パリとわれました

中をみたら白い色でした

（先生のことば　ほんものかな）

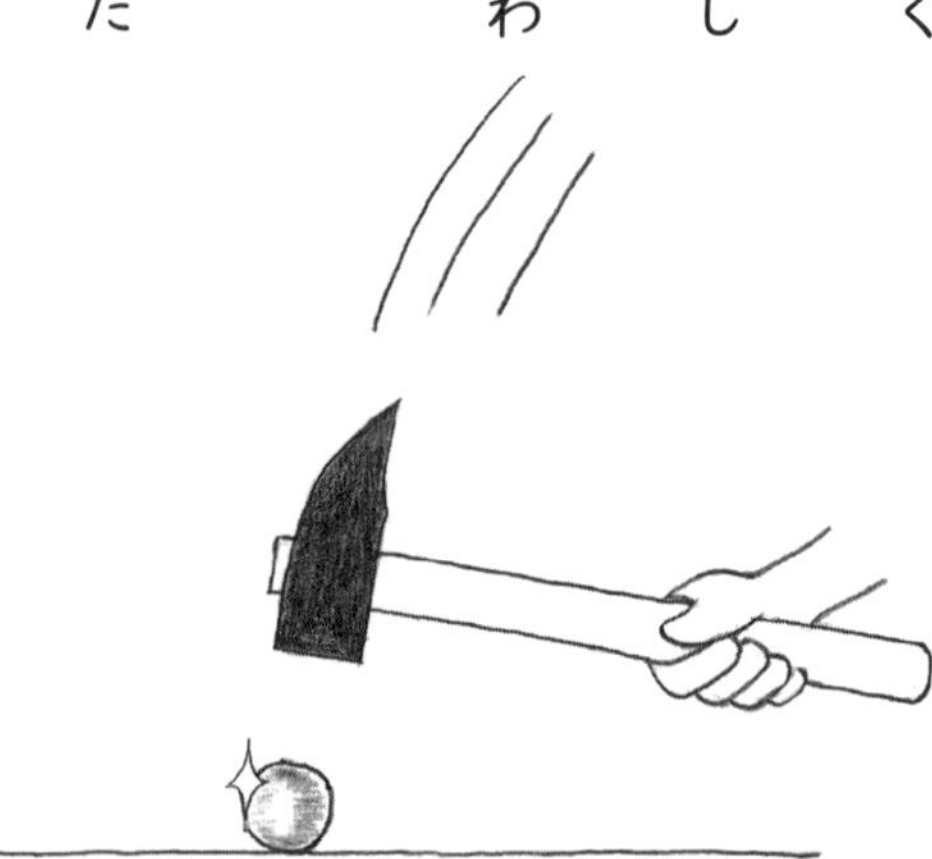

●真珠のようなもの

本物だったら悪いことしたなあと思いますが、おそらくおもちゃだと思います。

真珠の養殖に母貝として利用される「アコヤ貝」は、昔、知多半島の「阿古屋の浦」というところで採れたところからその名がつけられたそうですが、知多半島で真珠の養殖をやっているとは聞いたことがありませんでした。

1月28日　日曜日

ぼくと弟で、さんりん車に、のって、
中学校に、行ってかわりばんづ(ず)つのってあ
そびました。
さんりん車にのっているのが、まだ、あき
ないので
遠まわりの道をとおってうちに帰りました。
もう、うちについた、時には、さんざん
のってあそんだので、
つかれて、フーフーいいました。

(先生のことば　大きな人がのるとこわれ
るよ)

●三輪車で

当時、弟は幼稚園の年中組くらいだったと思います。三輪車でよく遊んでいました。

10月4日の日記にも書いていますが、私はそうとうこの三輪車を酷使していたようですね。反省です。

1月29日　月曜日

学校で、90円ぬすまれたので、
あつし君が、「たんてい団をつくろう」と
いいました。
それは、どうゆ（い）うためだと、ゆ（い）うと、
じつは、くらす（クラス）の中に悪い子がいると、い
やだから
はん人をさがそうとはなしました。
それで、たんてい団のしるしをボール紙で
作りました。

（先生のことば　ほんとうにつくったの）

●探偵団

少年探偵団気取りでいただけで、クラスに悪い子はいなかったんじゃないかなあと思います。

九十円がどうなったのかは、結局分かりませんでしたが。

2月2日　金曜日

タオルをマントにしておめんを作って顔に
つけました。
そして外に出て、がけからとびおりたり、
はしり回りました。
すると、弟もやりたいといったので、紙で
おめんを作ってやりました、
そして二人りであそびました

（先生のことば　こわいわね）

●タオルをマントに

タオルをマントにするときは、スーパーヒーローに変身するときですが、こわいお面をつけたみたいですので、どうやら悪役に変身したようです。

ちなみに当時人気だったスーパーヒーローは、月光仮面、少年ジェット、ナショナルキッド、七色仮面などですが、このときは、どの悪役に変身したというわけではありません。

2月3日　土曜日

きょうはせつぶんだから、豆をまきました、「おにはーそと　ふくはーうち」と、ちからいっぱいなげました、てんじょうやからかみにぶつかって、ばらばらといゆう音がしました
だれとだれが豆をまいたといゆと弟とぼくで二人でまきました
そしてあとでひろってたべました。

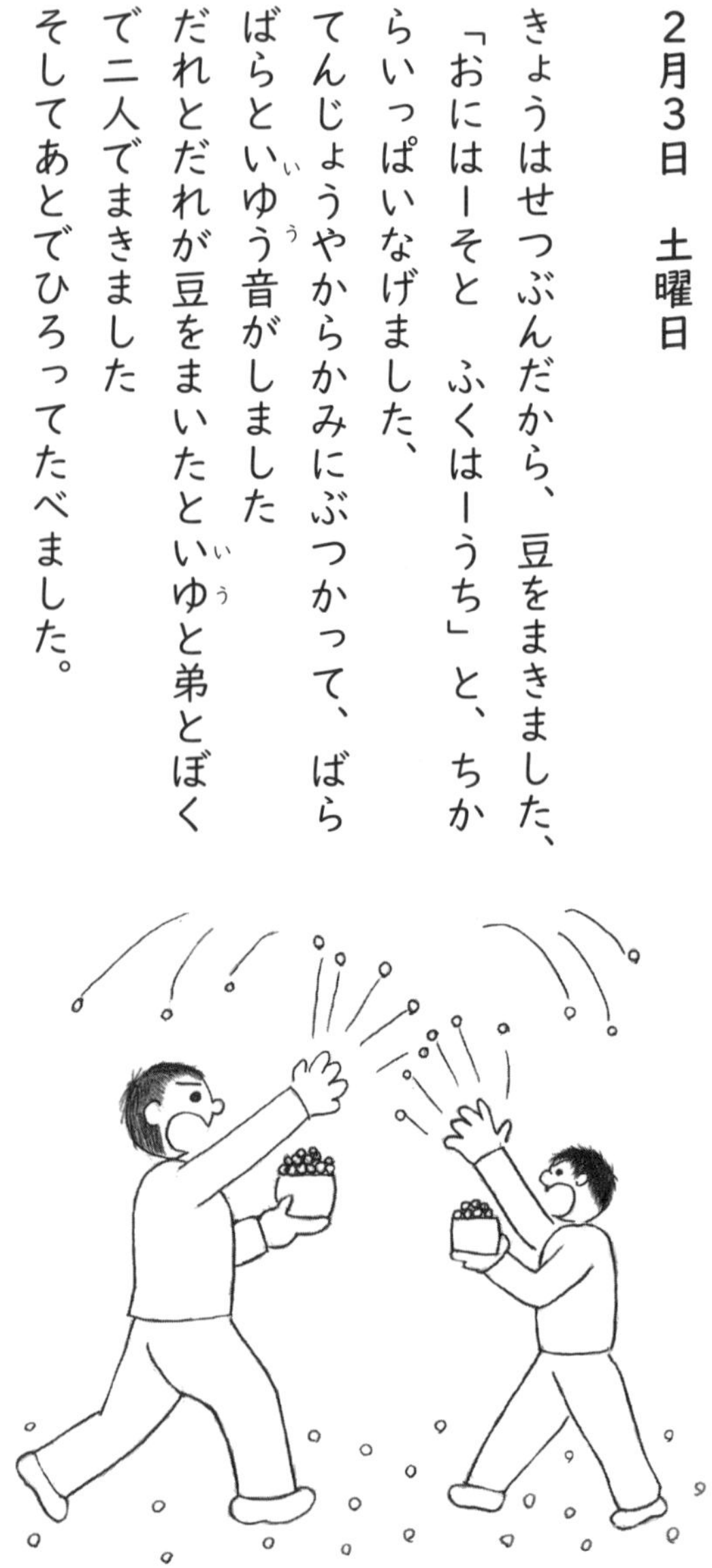

●豆まき

わが家では、毎年必ず豆まきをしました。そして、歳の数だけ拾って食べました。私はこの年、九粒でしたが、弟は五粒でしたので、やや不満そうでした。

2月5日　月曜日

弟とぼくと、ふたりで、なわを、わにして、
むすんで、
でん車ごっこをして、あそびました。
たんぼ道を、せんろにして、その上を、
はしりまわりました。
そして、おとうさんの会社にいって、
いっしょに帰るとき
かけっこをして帰ってきました。
いちばんはやかったのは、やっは（ぱ）りおとうさ
んでした

（先生のことば　たんぼにおちなかったかね）

●田んぼのあぜ道で電車ごっこ

この季節は、田んぼに水はありませんので、あぜ道を線路に見立てて電車ごっこをしました。父の会社も近くにあり、父の仕事の帰りを待って、いっしょに家までかけっこしました。

夕やけ空の下、子ども心に幸せな瞬間だなと感じたものでした。

2月8日　木曜日

学校の帰りに、はまの、方を、ぼくと、よねす君とあつし君で、通りました。

石を、ひっくり返したらさかながいました

それで、そこらに、おちている、あきかんに、水と土をいれて、

さかなを、いれて、もって帰りました、

あたりを見るとだいこんずけや、

ちゃわんのかけらがたくさん、おちていました。

●浜辺（はまべ）を通った学校の帰り道

浜辺の方を通って帰ると、遠回りになりますが、なんといっても解放感（かいほうかん）がありますので、たまには海を見ながら帰りました。海に近い町はいいなあと思いました。

2月12日　月曜日

ぼくがじく（じゅく）に、行った時ぼくとおなじくつがありました。こくごのもんだいを、だされて百点をとってごきげんで、くつをはいたら、ぶかぶかでした。さがしてみると、ぼくのくつは見あたりませんでした。ぼくは、「ぼくのくつと、まちがえて、はいていったんだな」と思いました。それでしかたなく、そのくつをはいて帰りました。あしたぼくのくつを、はいてくるだろうと思ったからです

（先生のことば　だれだろうね）

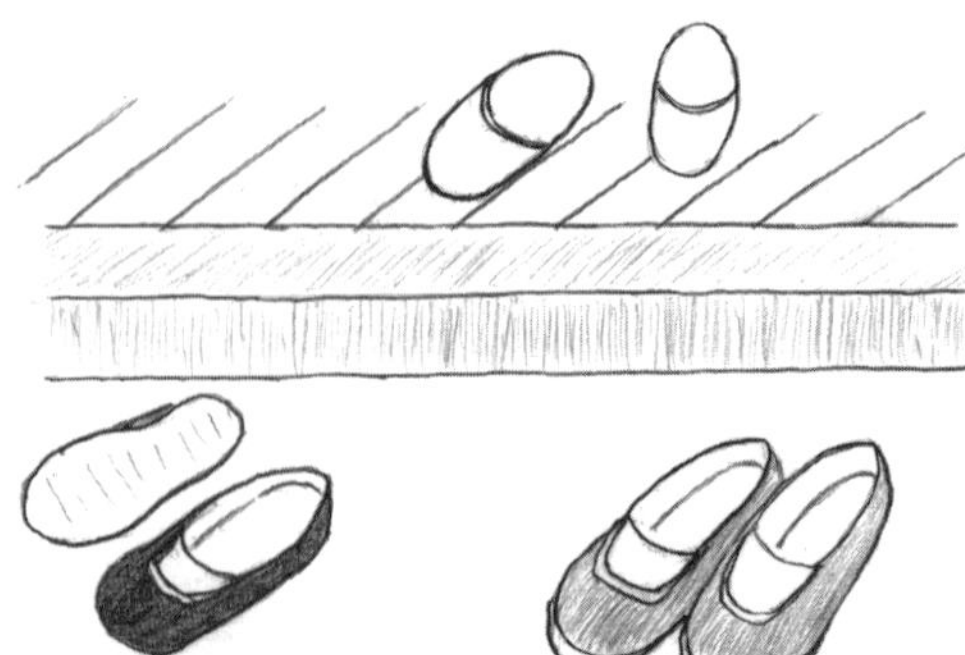

●塾で間違われた靴

翌日、靴を間違えた子が私の靴をはいてきて、靴が戻ってきたかどうかは覚えていませんが、その後の日記で触れられていないということは、戻ってきたのではないかと思います。

2月13日　火曜日

弟と、ぼくで、色紙を、おってあそびました。
つるやにそうふねにかぶとなどを、作りました。
弟は、あまり、おりかたをしらないので、ぼくが
教えてあげました。
それからふくろもつくりました。ふくろのまわり
にもようをつけました。

（先生のことば　このえのものはみんな作れるの）

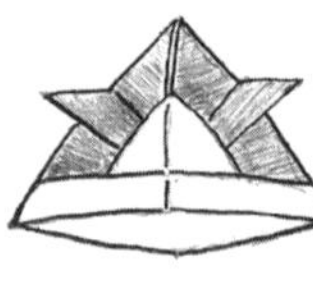

●折り紙

折り紙で作ったのは、鶴、二艘の舟、兜、そして紙の袋なので、この絵に描いたものはみんな作れました。

折り紙は日本独特の伝統的な遊びですが、最近は海外でも人気なんだそうです。

2月15日　木曜日

おかあさんが、おつかいに、行ってきて、ラムネと、いうのみものを、かってきてくれました。

ラムネのびんの口の所にビー玉が、はまっていました。

はしで、ビー玉をおすと、あわが、たくさんでてきたので、あわててのみました。

ぜんぶ、のんだらげっぷがでました。

●ラムネ

ラムネを飲んだのはこのときがはじめてでした。ビー玉が取れないのが不思議でした。どうやって瓶にビー玉を入れたのでしょうか。

ラムネの入ったビー玉入りのガラス瓶は、縁日でよく売られていましたが、今では缶やペットボトルが主流になり、ガラス瓶はほとんど製造されていないのだそうです。

2月16日　金曜日

学校の、ぼくたちの、教室の、うしろのすみに、
おおきな、はこにわがあります
そのはこにわは、かたがくずれて、土が、かわいて、いるので、
まどから風が、くるとほこりがたちます
そこで、ぼくたちのれつの人だけで、先生にすてて、いいかきいて、
いいと、いったからみんなではこんで、すてました

(先生のことば　どうもごくろうさま)

●教室の隅の箱庭

生徒たちが共同で作った箱庭で、かなり大きなもので、教室の後ろの隅に置いてありました。大切な箱庭でしたが、ややじゃまでもありました。

2月18日　日曜日

ぼくのうちの、うらで、弟と、ぼくで、ぼくの、ロぐらいまでの、竹のぼうと、弟のロぐらいまでの竹のぼうを、二本たてました。
そして、りょうほうとも、先の方にあきかんを、のせました
そしてマイクロホンを、作りました、うたの本を、みて、歌を、うたいました

（先生のことば　一度見たいね）

●弟と歌う

弟と、しろうとのどじまんです。どんな歌を歌ったのか覚えていませんが、弟に合わせて幼稚園で歌うような歌だったのかも知れません。

ちなみに、坂本九さんの「上を向いて歩こう」が発売されたのは昭和三十六年です。この歌は「SUKIYAKI」というタイトルで、昭和三十八年に全米一位になりました。

2月20日　火曜日

学校のとしょかんから青い鳥と、いう本をかりてきました
そのもの語は、兄弟（兄妹）の、ちるちるとみちるが、
おばあさんの、むすめの病気を、なおすために、
青い鳥を、さがしに、いきます。
青い鳥は、しあわせの鳥です、
だから青い鳥をつかまえてくると、
しあわせになって、びょうきがなおるのです
でもいままでのことはみんなゆめだという物語です

（先生のことば　こんな本をよむときもちがよいでしょ）

●青い鳥

この本を読んで、しあわせは遠いところではなく近くにあるものなんだということを、教えられました。

当時は、外国の児童文学が好きで、「幸福な王子」、「家なき子」、「フランダースの犬」などを読んだ記憶があります。どういうわけか、悲しいお話が多かったですね。

2月26日　月曜日

ひなまつりに、やるげきのれんしゅうを、あつし君とぼくでしました、

げきのだいは、大きいかぶと、いうやつです、かぶのかわりに、ざぶとんを、おって、つかいました。

でもにわとりやうさぎとやぎなど、を する役めの人が、いないので、

なかなかうまくいきませんでした

（先生のことば　おばあさんのまねをしてね）

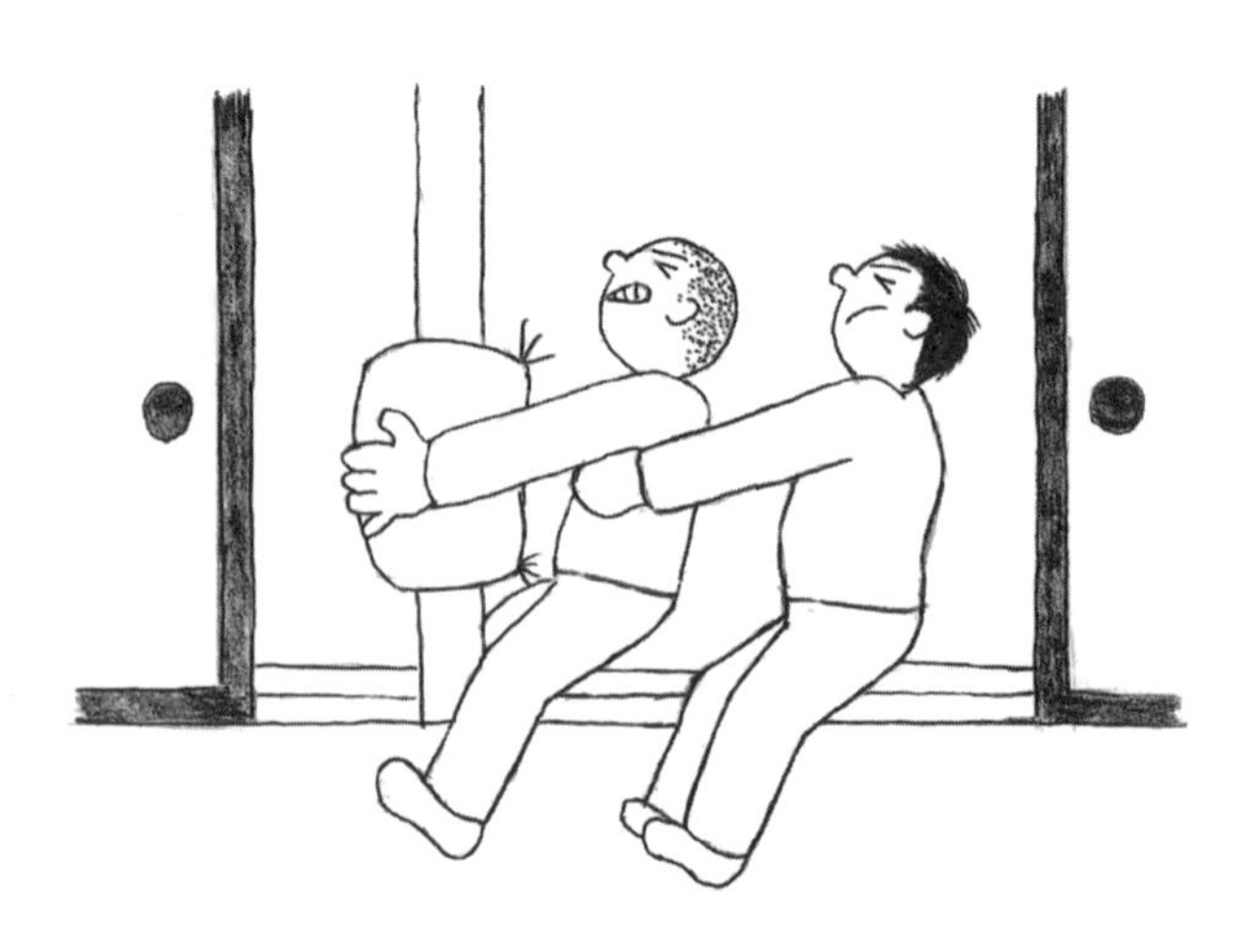

●劇の練習

私のクラスの出し物は、「おおきなかぶ」という題で、おじいさん、おばあさんをはじめ、いろんな動物たちが力を合わせて大きなかぶを引き抜くというお話です。私はなんと、おばあさんの役をやったのでした。おじいさん役の子が、「おばあさんや」と呼ぶと、男の子の私が舞台に出ていきましたので、会場から、どっと笑いが起こりました。

3月1日　木曜日

きょうめずらしく雪がふったのでうれしくなりました。
上をむいたら雪がごみのように落（お）ちてきました。
畑は、さとうのかかった、おかしのようでした、
むこうの山の木は、雪がかかってとてもきれいでした。

（先生のことば　よこはまでもこんなことがあったかね）

●雪の日

私たち家族は、横浜から引っ越してきましたので、先生はこのようなコメントを書かれたのだと思います。横浜でも雪は降りましたが、近くに畑はありませんでしたので、このような景色は見られませんでした。

3月5日　月曜日

おかあさんが、「ものほしざをにほしてあるものを、
とって、うちの中にいれてくれるとぼくにききました、
ぼくは「うんいいよ」と返事をして、
さっそくやりはじめました、
いちばん下のやつはかんたんに、
うちの中にいれたけど
一番上のやつを、いれるとき、
ちょとゆだんをしたから、
そいつをおとしてしまいました。
おかあさんがそれを見てわらいました

（先生のことば　たかいところにあるとむづかしいね）

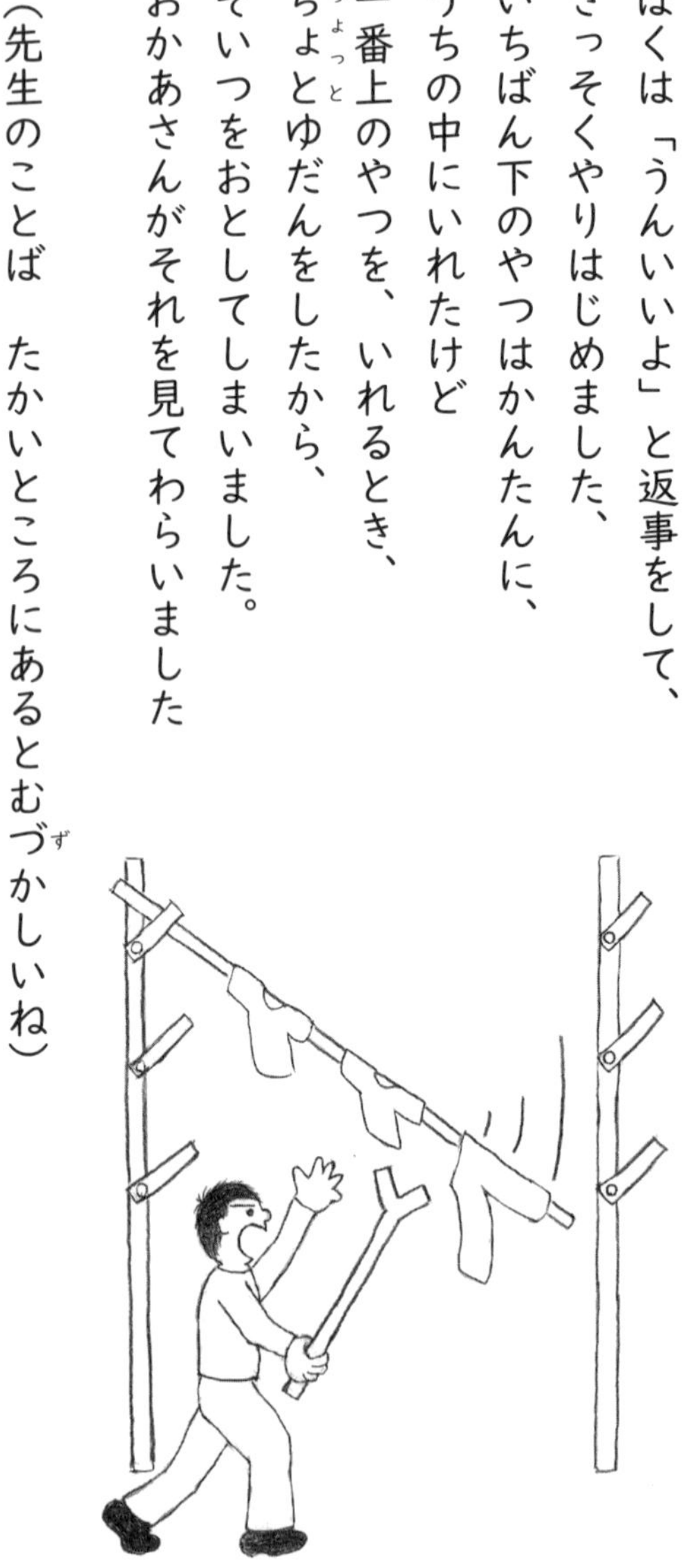

●物干し竿

物干し竿の支柱は、竿が三段かけられるようになっていて、一番上の竿はかなり高く、さすまたを使って下ろすわけですが、うっかり落としてしまいました。洗濯物は乾いていたので、地に落ちても、汚れませんでした。

3月8日　木曜日

学校から、帰ってきて中学校に行ったら、
ヘリコプターが、とまっていました。
ヘリコプターは、プロペラがまわったとお
もったら
ブーンと、音をたてて、空にまいあがって
いきました
ぼくも、ヘリコプターに、のってみたいな、
と思いました、
でももし、ついらくしたらいやだから、
やっぱりのらないほうがいいかもしれない

（先生のことば　こわいこわい）

●ヘリコプター

着陸（ちゃくりく）したヘリコプターを近くで見たのはこれがはじめてでした。プロペラが回ると大きな音と大きな風が起（お）こり、すごい迫力（はくりょく）でした。

3月9日　金曜日

学校の図書かん、から、かぐやひめという
本をかりてきました。
その、物語のどこがおもしろいかと、いう
と、
月から、てんにょが、おりてくるとこでし
た。
ぼくもかぐやひめ[に出てくる]の ような美男し[子]、だっ
たら
えいがはいゆう、になってお金もちになっ
ちゃいます

（先生のことば　たぶんそうだろう）

●かぐや姫

かぐや姫は宇宙人だったということでしょうか。古代のSF作品に引き込まれました。

私は日本のおとぎ話も好きで、よく読みました。あくまでも私見ですが、「浦島太郎」は宇宙旅行のお話で、「桃太郎」は悪者宇宙人退治のお話というふうに、これらもSF作品のように思えるのです。

3月12日　月曜日

田んぼにわらのたばになっているのが山のようにつんでありました。
それを見て、ぼくと弟で、そこの所に行って、あそびました。
なにを、してあそんだかというとわらを、なげて、あそびました
ぼくが、なげたら弟の顔に、あたったので弟はおこりました

（先生のことば　くずすとよその人におこられます）

●田んぼの積み藁

今にして思えば、めちゃくちゃをして申し訳ありませんでした。とんだ悪ガキでしたね。

積み藁は、藁を円筒形に、人間の背丈ほどの高さに積んで、頂上を円錐形に積んでいます。ほぼ農閑期の田んぼに存在しています。

また積み藁とよく似たものに藁立てがありますが、これは稲の刈り取りの後に、人間の腰くらいの高さに、三角形に束ねて置いているものです。いずれも藁の乾燥などが目的だと思います。

3月14日　水曜日

学校の、ぼくたちのクラスで
2月うまれの子と、3月うまれの子だけの、
たんじょうかいをしました。
ぼくはなぞなぞとジェスチャーをしました、
それから三つのせき所にでました。
それはげきを見てその中に三つまちがいが、
あるから
三つのまちがいをあてるというわけです
ぼくは三つともあっていました。

(先生のことば　よくあてたね)

●誕生会

授業とは違って、ゲームをするのは、楽しい時間でした。

今も昔も、学校での楽しみは休み時間と給食と、こうしたレクリエーションなのは変わっていませんね。

3月16日　金曜日

おかあさんが、おつかいにいって帰ってきて
「おつかいで、おこうこを、かってくるのを、
わすれたので、おまえ、かってきて、くれない」
と、いったので、
ぼくは「いいよ」といって弟を、つれていきました。
おだちんの10円でアイスクリームを、かいました
弟は、すぐたべてしまいました、
ぼくは少しずつたべました、
弟はほしそうにぼくを見ました

（先生のことば　アイスクリームを、もううっているの）

●弟とお使い

今は、アイスクリームは一年中売っていますが、当時は、夏に食べるものでした。三月に売っているというのは、早い方でした。

ちなみに「おこうこ」とは方言で、北海道をはじめ、関東、関西など、全国各地で使われているようですが、関東では漬け物全般、東海、関西では主に「たくあん」のことを言うのだそうです。

3月26日　月曜日

たんぼ道をあるいていたら、いちわの鳥が、
いたので、
そばに行ってみたら、とばないので、つか
まえて帰りました。
つばさのかげの所を、みたら、ひどいけが
をしていました
人間だったら、一年間ぐらいの、じゅう
しょ（しょう）です、
ぼくは、さっそくあかちんを、つけて、て
あてを、してあげました。
水と、えさを、あげてそっとしておいてや
りました。

●傷ついた鳥

この鳥は、知らないうちにいなくなっていました。元気になって飛んでいったのだと思います。

鳥についての知識はほとんどありませんでしたので、その種類は分かりませんでした。家には薬といったら赤チンぐらいしかなかったので、つけてあげましたが、傷は癒えたかなあ。

あとがき

みなさん、この日記を読まれていかがでしたか。

テレビゲームもスマホもない時代でしたが、家族、友達らと過ごした時間は楽しいものでした。私にとっては、何物にも代えがたい財産のようなものです。

年老いてから頭の中に浮かぶのはいつも、幼い頃に過ごした日々のことです。私の家族、友達、楽しい思い出をどうもありがとう。また、本書を手に取って読んでくださったみなさん、どうもありがとうございました。

なお、私の日記を本にするにあたり、文芸社の岩田勇人さん、吉澤茂さんには大変お世話になりました。ここにお礼を申し上げます。ありがとうございました。

著者プロフィール

安井 啓夫（やすい ひろお）

1952年生まれ
1976年神奈川大学法学部卒
同年岐阜地方裁判所入職
裁判所事務官、裁判所書記官等として勤務
2017年岐阜地方裁判所退職
現在、岐阜市在住

昭和36年の小学3年生日記

2023年7月15日　初版第1刷発行

著　者　安井 啓夫
発行者　瓜谷 綱延
発行所　株式会社文芸社
〒160-0022　東京都新宿区新宿1－10－1
電話　03-5369-3060（代表）
03-5369-2299（販売）

印刷所　株式会社フクイン

©YASUI Hiroo 2023 Printed in Japan
乱丁本・落丁本はお手数ですが小社販売部宛にお送りください。
送料小社負担にてお取り替えいたします。
本書の一部、あるいは全部を無断で複写・複製・転載・放映、データ配信することは、法律で認められた場合を除き、著作権の侵害となります。

ISBN978-4-286-30036-8